KARMA

AS OPORTUNIDADES DA VIDA

ANGELIKA HOEFLER

KARMA

AS OPORTUNIDADES DA VIDA

COMO VOCÊ PODE TRANSFORMAR
DIFICULDADES EM CONQUISTAS PESSOAIS

Tradução
ZILDA HUTCHINSON SCHILD SILVA

EDITORA PENSAMENTO
São Paulo

Título do original:
Karma — Die Chance des Lebens
Wie Sie jede menschliche Prüfung in einen persönlichen Erfolg verwandeln

As diretrizes, os exercícios e os testes criados pela autora estão sendo usados há anos com sucesso. Mesmo assim, cada leitor terá de ser responsável por suas decisões e atos. Não assumimos nenhuma responsabilidade por quaisquer danos a pessoas, coisas ou bens.

Edição	Ano
1-2-3-4-5-6-7-8-9	99-00-01-02-03

Direitos de tradução para a língua portuguesa
adquiridos com exclusividade pela
EDITORA PENSAMENTO LTDA.
Rua Dr. Mário Vicente, 374 — 04270-000 — São Paulo, SP
Fone: 272-1399 — Fax: 272-4770
E-MAIL: pensamento@snet.com.br
http://www.pensamento-cultrix.com.br
que se reserva a propriedade literária desta tradução.

Impresso em nossas oficinas gráficas.

SUMÁRIO

Embora sejamos escravos do passado,
somos os senhores do futuro.

Blaise Pascal

AGRADECIMENTO

Agradeço a Bach, Beethoven, Brahms, Chopin, Grieg, Händel, Haydn e Mozart pela sua música maravilhosa, que acompanhou meu trabalho; espero ter captado o seu sentido.

ANTES DE MAIS NADA...

KARMA SIGNIFICA "FAZER", E ESTE LIVRO DIZ O QUE DEVE SER FEITO

Muito se escreveu sobre o karma e, conseqüentemente, sobre reencarnação; sinceramente, desejo que você já tenha lido algo sobre o assunto. Portanto, para que este livro não venha a ser redundante, não repetirei o que li, por exemplo, nas obras de:

Gerhard Adler, Kurt Allgeier, Michael Arends, Annie Besant, Helena Petrowna Blavatsky, Emil Bock, Paul Brunton, Martin Buber, Rudolf Bubner, Edgar Cayce, Gina Cerminara, Thorwald Dethlefsen, Johannes Fährmann, Chris Griscom, Elisabeth Haich, Christmas Humphreys, Jeffrey Iverson, Allan Kardec, Dra. Elisabeth Kübler-Ross, Geddes MacGregor, Peter Michel, Raymond Moody, Dr. Morris Netherton/Dra. Nancy Shiffrin, Flower A. Newhouse, Rudolf Passian, Jane Roberts, Albert de Rochas, Jürgen von Scheidt, Karl Otto Schmidt, Martin Sorge, Rudolf Steiner, Ian Stevenson, Werner Trautmann, Hugo S. Verbrugh, Helen S. Wambach, entre outros.

O assunto predominante deste livro, portanto, não é o "karma" mas a "oportunidade". Quero mostrar-lhe as oportunidades de você fazer o que é correto. Farei isso com a minha linguagem e, em alguns momentos, de forma espirituosa. Ficarei contente se você estiver de acordo e conseguir novas perspectivas para a sua vida.

Angelika Hoefler

Prefácio

Quem é o culpado de o karma ser considerado sinônimo de culpa?

É uma tolice, principalmente nos países de língua alemã, o fato de "karma" ser confundido com culpa, como esta é definida atualmente.

O filósofo norte-americano John Rawls atribui à culpa a imanência do senso de justiça — o que nos faz, ao associarmos este sentido ao karma, passar pela vida com a "consciência pesada".

Freud considerou isso de um modo um pouco diferente: sua análise psicanalítica da culpa a definiu como um distúrbio neurótico. Ao contrário, nós podemos concluir: se karma de fato fosse culpa, poderíamos nos deitar no divã do psicanalista queixando-nos de uma neurose kármica.

O que a ética cristã afirma ao se opor a esse conceito é animador: culpa é uma falta cometida contra Deus, é o pecado, o qual, no entanto, pode ser atenuado pelo arrependimento, segundo a doutrina católica; segundo a doutrina protestante, o pecado é atenuado quando se acha que o motivo do erro é justificável. (Por favor, acredite no que quiser.)*

---

* *Brockhaus Lexikon*, vol. 16, Mannheim/Munique, 1986.

A culpa é algo completamente diferente:

A etimologia da palavra culpa mostra que ela vem do antigo alemão tradicional e significa "skuld zu sollen" (ter de fazer).* Portanto, a palavra significa apenas "fazer o que (tem de) ser feito".

A palavra "karma" vem do sânscrito, e tem simplesmente o sentido de "fazer".

Sendo assim, culpa significa fazer e, portanto, significa karma; no entanto, karma não significa culpa, não no sentido que lhe foi atribuído por Rawls, Freud, pela ética cristã e por outros intérpretes.

---

* Mackensen, *Deutsche Etymologie*, Schünemann, Bremen, 1977.

No interior está a semente do exterior

Agora, quando o mundo é "obrigado a despertar", e é levado à força a despertar, sentimos de forma impressionante o karma, a causalidade do semear e colher, a causa primordial e o efeito. Assim como entendemos o que percebemos, também reconhecemos que as catástrofes estão acontecendo de forma cada vez mais terrível; sim, elas têm de ter mais impacto, caso contrário não temos como despertar!

O karma mundial que vivemos agora é o macrocaos do nosso microcaos, um reflexo do nosso jeito, ou melhor, da nossa falta de jeito para viver. E é dentro de nós que acontecem as guerras, as tempestades, os desastres naturais!

Se quisermos mudar algo neste mundo — afinal, esse é o desafio — temos de começar por nós mesmos. Não basta eliminar os sintomas; temos de reconhecer as causas. Isso, no entanto, não chegará a acontecer, se continuarmos a nos queixar do peso do nosso karma, se nos refugiarmos na culpa e se, além disso, não nos livrarmos da confusão. A vida tem de ser vivida!

Enquanto nos isolarmos mentalmente na torre da culpa, tudo continuará sombrio ao nosso redor, não conseguiremos ser amigos de nós mesmos, e, portanto, não seremos capazes de amar, de confiar nem de ajudar os outros.

Desde a época de Confúcio, a humanidade sabe como modificar, melhorar, tornar a vida mais cheia de oportunidades e mais digna de ser vivida. O filósofo chinês ensinou: "Em vez de se queixar da escuridão, acenda uma luz."

Karma significa fazer.

Pois façamos exatamente isso!

Angelika Hoefler
Colônia, junho de 1990

[illegible]

[illegible] [illegible] [illegible] [illegible] [illegible] [illegible]

[illegible] [illegible] [illegible] [illegible]

[illegible] [illegible] [illegible]

Comunguem no amor.

[illegible]

Angélica [illegible]

[illegible], junho [illegible] 1990.

Introdução

O conto de fadas sobre um Deus severo

Aconteceu na época em que o conhecimento esotérico ainda não estava e nem era difundido, e as pessoas ainda não brigavam com o seu karma, mas andavam às voltas com o avô do karma, o não menos odiado destino, essa fatalidade tão temida por todos, que parece despencar das nuvens ameaçadoras do céu sobre o mundo ingrato, tornando a vida aqui totalmente insuportável. Então, houve o flagelo da fome, das epidemias, das guerras e das catástrofes da natureza, e os seres humanos chegaram todos a uma conclusão: não haviam feito nada de mal; portanto, não mereciam nada disso. Zangaram-se com os deuses, ou ao menos com um deles; sim, na verdade os homens deixaram categoricamente de amá-lo. E então, visto que estavam sem deuses (portanto, entregues à própria sorte), retribuíram cada um dos males com um mal ainda maior; contudo, o mal não tinha mais fim. Não importa o quanto se revoltassem, para os homens só restavam aborrecimentos atrás de aborrecimentos. E, como em determinado momento os homens morreram, em outro tornaram a nascer outra vez. Talvez vivam nos dias de hoje. Talvez estejam entre nós. Ou, quem sabe dentro de nós...

De Tucholsky conhecemos a pergunta: “Mas o que é exatamente isto — Deus?” Essa pergunta é cada vez mais freqüente na nossa época diante do flagelo da fome, das epidemias, das guerras e das catástrofes naturais. O apelo ao Ser maravilhoso, porém culpado, que “permite que tudo isso aconteça”, está se tornando cada vez mais forte.

Desde a época de Jó e de Epicuro pouca coisa mudou; eles já buscavam a resposta para a pergunta sobre como fazer o mal físico e o mal moral do mundo tornar-se compatível com o poder, a sabedoria e a bondade total de Deus. A pergunta muitas vezes repetida sobre a justificativa de Deus para o mal foi e é a falta de vontade em reconhecer que Deus está longe de querer castigar a humanidade, e que é sempre o próprio homem que “permite que tudo isso aconteça” — visto que é o homem que provoca os acontecimentos.

Foi Gottfried Wilhelm Freiherr von Leibniz — filósofo, matemático, físico, escritor e, possivelmente, um dos últimos eruditos internacionalmente conhecido da nova época — que tentou responder à pergunta da Teodicéia, na medida em que observou o mundo criado como a melhor de todas as possibilidades de desenvolvimento.

Mas disto não se pode concluir que a vida que geramos através do karma e o karma que trazemos de vidas anteriores representam a melhor das possibilidades de evolução — sendo assim um argumento em defesa da Lei de Causa e Efeito, que seria, nesse caso, uma chance extraordinária de retomar o nosso desenvolvimento espiritual no ponto em que estagnamos em confusas sensações de culpa, além de ser uma oportunidade única de marchar adiante, sem errar o caminho, para um mundo possivelmente mais perfeito.

Toda pessoa é dotada de livre-arbítrio, e é com esse livre-arbítrio que ela semeia o que quer, sem com isso semear automaticamente também aquilo que, em última análise, deseja colher. Porém, como o ser humano não costuma reconhecer o que planta, falta-lhe também o conhecimento da característica através da qual poderia reconhecer o que colhe; assim ele colhe da Árvore da Ignorância coisas muito confusas, como o acaso, o erro e o castigo. E fica se perguntando: mas por que, por que isso acontece justamente comigo, em nome de Deus?

O Conhecimento é tão antigo quanto a Bíblia: "O que o homem semeia, isso ele colherá." A lenda de um Deus severo é um conto de fadas, e tomara possamos logo dizer "Era uma vez!"

O esoterismo mostra que a pergunta que fazemos a Deus sobre o porquê, nós bem que poderíamos fazer a nós mesmos. Se é verdade que em cada um de nós vive uma centelha de Deus, podemos e devemos finalmente perguntar: "Por que EU deixo que tudo isso aconteça comigo?"

A cada nova encarnação dá-se outra oportunidade de aprender e de conhecer. Passamos pela escola da vida, e as provações que enfrentamos são o encerramento normal de determinado estágio de aprendizado. E se prestarmos bastante atenção nessa escola, haveremos de adquirir o conhecimento que, nesse caso, nos permite ser aprovados em cada teste, tanto por nós mesmos como entre nós, visto que nenhum ser humano está sozinho no mundo. Será muito bom quando gravarmos no nosso coração o que Sócrates colocou na boca de Antígona: "Não é para ajudar a odiar que estou aqui, mas para ajudar a amar."

CAPÍTULO 1

A MEMÓRIA CÓSMICA DA PESSOA

JEAN-PAUL SARTRE, O JOGO ACABOU?

Na obra clássica da literatura moderna,* *Les Jeux Sont Faits*, de Sartre, o escritor apresenta a imagem de uma oportunidade extraordinária.

Duas pessoas de caráter muito diferente, Pierre, um rebelde, e Eve, mulher de um secretário da milícia e dama da sociedade, morrem na mesma hora em circunstâncias semelhantes. Eles se conhecem no plano que transcende a nossa percepção. Apaixonam-se e chegam à conclusão de que foram feitos um para o outro e de que, devido a um engano qualquer, não se encontraram durante a vida.

Ambos tiveram a oportunidade de voltar a viver, com a condição de, durante as primeiras 24 horas dessa nova vida, confiarem irresistivelmente um no outro, e de se amarem incondicionalmente.

* Sartre, *Das Spiel ist aus* [O Jogo Acabou], Rowohlt Taschenbuch Verlag, GmbH, Hamburgo, 1982.

No entanto, fica provado que ambos estão demasiado apegados ao trauma que precedeu a hora da morte para poderem viver inteiramente um para o outro. Eles perdem a oportunidade. O tempo passa — *Les jeux sont faits*: O jogo acabou.

Nós todos marcamos encontros para a nossa vida e, ao contrário de Sartre, não pegamos o fio condutor da vida no ponto em que ele foi rompido, mas primeiro temos de reencontrá-lo. Como não é possível encontrar fisicamente esse fio, e como, ao receber um novo corpo, também recebemos um novo cérebro, o qual, em última análise, é a sede da consciência e da memória, são as nossas almas que se encaminham rumo às outras para o reconhecimento. E o jogo, ao qual chamamos vida, recomeça do princípio.

Por que isso é assim?

O CONTATO COM O ESPÍRITO DO PASSADO

Sempre que houver "algo mais em jogo" do que a indiferença pelo semelhante, não importando para que lado o pêndulo das emoções se incline, podemos ter certeza de que já conhecemos essa pessoa de outra época, visto que ambos tínhamos outra identidade física. E sempre que ocorrem esses "reencontros kármicos", como são denominados pelo esoterismo, o objetivo é o amor.

De onde tiramos esse conhecimento?

Da Física.

Da Química.

O ser humano é uma fusão inteligente de espírito, alma e corpo, exatamente nessa seqüência.

No início, existe o espírito, que se une por meio da alma com a matéria, portanto, com um corpo.

Nosso corpo sozinho não é capaz de viver, e assim que o espírito deixa definitivamente o corpo, podemos falar da morte desse corpo; contudo, não podemos falar da morte do ser humano como um todo, pois o espírito continua vivendo, afinal, o portador do espírito é o elétron, cuja duração de vida é ilimitada. Em sua obra de orientação científica, *O Espírito da Matéria*,* o físico francês Jean E. Charon menciona: "...O elétron forma um verdadeiro microuniverso; seu tempo é cíclico, o que lhe permite reencontrar... todos os estados do passado."

Disso concluímos:

Nosso espírito tem uma existência eterna. Voltando a "reencarnar" ciclicamente e, portanto, com regularidade, ele busca as situações anteriores.

Como faz isso?

Por meio da química, por meio da materialidade. Pois a "química se ocupa das causas e efeitos da divisão do elétron".**

Disso concluímos:

O espírito, portador dos elétrons, com uma capacidade ilimitada de vida, em determinados ciclos usa corpos de capacidade vital limitada, corpos que têm os pressupostos químicos para a distribuição "kármica" dos elétrons, para a comunicação humana.

Por que o espírito faz isso?

---

* Charon, *Der Geist der Materie*, Ullstein, Frankfurt, 1982.

** *Brockhaus Lexikon*, vol. 3, Deutscher Taschenbuch Verlag, Munique, 1986.

Por causa do amor.

O elétron tem quatro características: reflexão, conhecimento, amor e ação.

Sobre isso diz Charon: "O processo da reflexão pressupõe uma experiência possível de ser lembrada com o meio ambiente exterior dentro do espaço de um elétron. Estimulado pelo conhecimento de uma situação análoga... o espaço do elétron se 'recordará' e porá em ação o mesmo processo que ele registrou na hora em que a primeira experiência do mesmo tipo aconteceu."

Observemos a seqüência:

1. Reflexão
2. Conhecimento
3. Amor
4. Ação

Lembrar — conhecer — amar — fazer.

Mais uma vez: Karma significa "fazer".

E isso significa: fazer com amor!

"Amor", conforme a interpretação física de Charon, "é a ... troca entre os fótons de dois elétrons vizinhos".

Portanto, isso significa:

O amor é a troca de fótons — em palavras mais simples — "lembranças" de dois eus; pois o espírito é portador do eu. O amor, portanto, talvez seja o sentido da imortalidade do nosso espírito.

Na variante científica popular da temática, Charon diz em seu livro, *Tod, wo ist dein Stachel?**

---

* Charon, *Tod, wo ist dein Stachel?* [Morte, onde está o teu ferrão?] Zsolnay, Viena/Hamburgo, 1981.

"No amor, um espírito troca com o outro significados complementares para determinado sinal do mundo exterior. Visto que amizade e amor são fenômenos semelhantes (comunicação direta de espírito para espírito), o fluxo amoroso corre em ambas as direções."

Então vemos que:

Os reencontros kármicos são desejados pelo espírito, e acontecem em determinado período e com a intenção definida de "trocar amor".

Assim, de uma inimizade surge certo dia uma amizade, e a amizade se transforma em amor. O espírito tem consciência disso e está seguro disso, no início e durante toda a eternidade.

Para sempre teu?

Na Física, que já conquistou seu lugar no esoterismo, como vimos há pouco, existe o "teorema da manutenção da energia", muitas vezes citado (e nunca interpretado), segundo o qual nenhuma força se perde, mas sempre se transforma.

Citando:

"Todo fenômeno físico pode ser atribuído a uma quantia gradativa de energia, de modo tal que a soma de todas as energias não se modifica, embora as partículas e campos participantes se movimentem e se modifiquem."*

Mas o que significa isso para um casal?

---

* *Kleine Enzyklopädie Atom- und Kernphysik*, Deutsch, Thun/Frankfurt, 1983.

O Espírito armazena as energias que nós chamamos amor; respectivamente, no caso de separação, esse amor se transforma em energias, que o espírito cíclico recorda e conhece "de outras circunstâncias", pois as partículas e campos se movem e se modificam; o espírito as "encontrará" — porque também aspira a fazer isso.

Do ponto de vista da reencarnação, isso pode significar, contudo, que no "movimento circular" do tempo, de um par de amantes surja um par de amigos (pode ocorrer o inverso, como sabemos agora devido a Charon); assim, amigos podem reencarnar-se como irmãos, mas também como amigos.

Então por que, já que isso foi tão carinhosa e significativamente arranjado pela Memória Cósmica, ainda existem separações?

Enquanto estivermos encarnados, enquanto formos pessoas com uma química corporal, também estaremos sujeitos às leis da química.

Mas na química damos a esses conjuntos em forma de anel o nome de "ligações cíclicas". E é aí que se fecha o círculo: nas associações; e é assim que chamamos os relacionamentos, há determinada circulação de energia; ciclo = *Kyklos*, em grego, "círculo". Portanto, como podemos ler, frustrados, no "Cântico dos Cânticos", de Salomão 3:1: "Procurei-o e não o encontrei." Mas por acaso também não vemos coerência no fato de os parceiros usarem um anel como símbolo para a "concretização da sua união", um círculo? Nesse "círculo" eles tornarão a entrar juntos quando para ambos começar um novo ciclo de vida.

Quando duas pessoas se separam (elas têm de se separar), isto é sinal de que começa, ou melhor, de que começará um novo ciclo de vida.

Gostamos de nos apegar ao costumeiro, aos hábitos e àquilo que "tornamos nosso". Contudo, aquisição não significa propriedade. Quando amamos alguém de verdade, ao deixar que se afaste de nós, respeitamos a sua liberdade, cientes de que essa pessoa pertence a si mesma e não a nós. E podemos entrar no novo ciclo sem sofrimento.

Pois deve estar correto sim: quando uma pessoa, cuja felicidade desejei durante o longo tempo de convivência, me abandona, devo continuar desejando sua felicidade mesmo assim, mesmo que visivelmente eu não faça mais parte dessa felicidade. O que me levaria a pensar que os meus desejos de felicidade dependem de "eu" participar da felicidade dela?

O fato, muitas vezes evidente, de que duas pessoas estão destinadas uma para a outra nada revela sobre o tempo de que dispõem para ficarem juntas: quando a lição foi feita — aquela para a qual as pessoas se "reencontraram" — podemos começar "um novo tempo"; podemos, mas não temos de fazê-lo.

CAPÍTULO 2

A VONTADE DO SER HUMANO É O SEU TESOURO NA TERRA

MEU DEUS, O QUE FIZ PARA MERECER ISTO?

Digno de nota é o fato de uma pessoa só fazer essa pergunta quando está em grande dificuldade, fase em que talvez passe a se dedicar mais à oração; contudo, essa pergunta nunca é feita nesse sentido quando as coisas vão bem — afinal, ser feliz também é um acontecimento kármico.

No entanto, seja como for, principalmente no primeiro caso, dialogar com Deus não é o mais indicado.

Então, façamos a pergunta a nós mesmos.

Antes de encarnarmos, podemos conhecer globalmente os temas da nossa vida, nossas obrigações, nossas provações e nossas oportunidades; conhecemos a qualidade e o conteúdo do nosso karma.

Analogamente, o espírito define um objetivo a ser alcançado, uma meta compatível com a encarnação; escolhendo o grau apropriado de dificuldade, ele se prepara para encarnar...

Transferindo isso para a nossa vida:

Alguém que queira ser dona de casa e mãe talvez não precise — mesmo nesta época de estilo emancipado — de um estudo com a duração de dez semestres, de uma programação e de uma habilitação; o caso será diferente para alguém que tenha a intenção de subir profissionalmente na vida; quem quiser ver toda a paisagem terá de escalar a montanha — isso leva tempo e é difícil — e a pessoa sabe disso antes de nascer! Quanto mais quisermos progredir numa vida material, tanto mais cuidadoso terá de ser o exame a que seremos submetidos.

Dessa forma, escolhemos os nossos pais, cujas características gostaríamos ou teremos de herdar, o meio ambiente no qual iremos crescer, as experiências da infância que moldarão a nossa vida, as circunstâncias extraordinárias e, como um espelho da nossa alma, o nosso corpo.

Mas assim como em todos os casos podemos conhecer o caminho que nos leva a determinado objetivo, embora não saibamos o que nos aguarda nesse caminho, também desconhecemos os detalhes dessa nova vida. Não sabemos antecipadamente como nos comportaremos ou como tomaremos as decisões; não sabemos se iremos descansar durante o caminho ou se daremos meia-volta; se perderemos algo ou encontraremos algo novo; se enfrentaremos as situações ou fugiremos delas; se teremos medo ou confiança. E é isso o que dá sentido à vida.

O karma nos desafia, ele nos testa. Notadamente para isso é que recebemos de volta o nosso livre-arbítrio. Com ele somos livres para amar, ajudar, aprender, reparar as ofensas ou também para deixar de fazer o bem. Nesse caso, determinadas situações se repetirão milagrosamente na nossa vida; de forma puramente mágica, pareceremos atrair sempre outra vez os mesmos problemas; mesmo que eles surjam sob outro aspecto no nosso caminho, são nossos conhecidos por natureza. E nós protestamos! E nos queixamos. Afinal, não merecemos isso. Nós nos defendemos. Não transformamos os problemas numa oportunidade.

Se o karma estivesse inextricavelmente ligado a uma oportunidade para nós, não teríamos recebido o livre-arbítrio, mas uma indolência compulsiva.

Numa palestra, certa vez me perguntaram se podemos cometer exageros kármicos, ou seja, fazer demais numa só vida. Não. A resposta está nos antigos livros de sabedoria. O ser humano não recebe fardo maior do que o que pode carregar — mas quantas vezes ele recebe menos!

Sabemos que, quando a dor é insuportável, a pessoa desmaia. Podemos ter certeza de que nossa alma tem uma proteção ainda mais sutil.

Meu Deus, o que fizemos para merecer isto?

De forma nenhuma merecemos isto; trata-se de uma dádiva do Senhor Cosmos.

Meu Deus, o que fiz para merecer este destino?

O nosso corpo é equipado com um perfeito sistema de autocura. Na natureza encontramos — ou pelo menos havia no passado — uma planta para a cura de cada sofrimento orgânico; assim devemos previdentemente aprender que o formato da planta corresponde exatamente ao aspecto do órgão que ela deve curar. Cada perda que uma pessoa sofre é uma sugestão para que o cosmos lhe dê outra coisa, na verdade ainda melhor. Cada renúncia que nos é solicitada destina-se a nos servir de proteção.

Cada "variante do destino" é uma oportunidade que nos é dada. Quando aceitamos uma oportunidade, transformamos a doença em saúde, o prejuízo em lucro, a renúncia em reivindicação, os problemas em soluções.

No entanto, enquanto aceitarmos com naturalidade o império mundial luciferino, aceitaremos um mundo de caos em vez de um mundo de ordem; não seremos capazes de encontrar respostas em nós; diminuiremos nossas forças de cura do corpo; perturbaremos a natureza, fonte de saúde e cura; não entenderemos mais Deus e o mundo, e sofreremos. E as últimas preces que fizemos também não nos ajudaram e, seja como for, não vemos em que acreditar neste nosso mundo de Tomés!

Se eu tivesse...! Se eu pudesse...!

Se eu tivesse feito algo na ocasião certa! Se eu lhe tivesse dito o que pensava! Será que teria sido possível reparar o erro? Se eu pudesse recomeçar tudo desde o início!

Quantas vezes dissemos essas palavras no passado! Quantas vezes já as pronunciamos na vida atual e quantas vezes desejamos, do fundo do coração, reparar um erro ou uma omissão tentando pagar uma dívida dando mais amor...

Todos esses pedidos por uma oportunidade são inscritos em nossa alma que, "assim que a oportunidade surge", nos leva à situação desejada. Talvez tenhamos a nossa chance exatamente agora — e achemos que se trata de um castigo.

Através de regressões, podemos esclarecer aos poucos as causas de nossas circunstâncias atuais de vida; aprendemos a compreender por que o nosso parceiro tem gênio forte, a nossa mãe é dominadora, o patrão é implicante, o cliente é excepcionalmente honesto, a irmã se sacrifica por nós, ou por que alimentamos um amor profundo e incondicional por um amigo; podemos descobrir os motivos para os assim chamados parentescos, mas também para as antipatias, para a insegurança ou a reserva diante do próximo.

Ultimamente surgiu outra possibilidade de obter essas informações ou de aprofundar as que já temos, e ela é oferecida pelo trabalho com o meu livro *Reinkarnationsforschung mit dem Pendel.** Nele você encontra um compêndio de mapas para consulta com o pêndulo que, sistematicamente, de detalhe em detalhe, mostra o seu caminho do passado até o presente, revelando todos os aspectos, possibilidades e efeitos das suas ações em vidas anteriores. Você pode pesquisar quais pessoas já encontrou em outras vidas e em que circunstâncias; se vive junto com um parceiro de uma vida passada e o motivo dessa convivência; se parentes ou amigos já foram seus companheiros de vida — e também, que reencontros karmicamente orientados ainda acontecerão no decurso da sua vida atual.

Você pode descobrir que promessas fez aos outros ou a si mesmo e que pode cumprir agora. E pode descobrir em que momento as lamentações do tipo "Ah, se eu tivesse feito...!" e "Se eu pudesse...!" lhe aparecerão como uma oportunidade nesta vida.

---

* Hoefler/Atti, *Reinkarnationsforschung mit dem Pendel* [*Pesquisa da Reencarnação por meio do Pêndulo*], Windpferd, série Schangrila, 2ª edição, 1989.

CAPÍTULO 3

As Oportunidades Universais da Vida

Dê uma oportunidade aos homens

De se olhar nos olhos
De confiar na vida
De corrigir os erros
De acabar com as brigas
De ser
De superar a tristeza
De se desenvolver
De acreditar uns nos outros
De reconhecer as oportunidades
De colocar os obstáculos de lado
De dominar as doenças
De ter sucesso
De deixar que os ferimentos cicatrizem
De preservar a paz
De ajudar os outros
De não ter medo
De ser amigo
De confiar em si mesmo

De fazer o bem
De reencontrar o que perdeu
De chorar
De sorrir
De amar a si mesmo
De amar

Dê uma oportunidade ao dia!

A maioria das pessoas costuma rejeitar o dia que ainda nem viram.

O que o dia de hoje trará de diferente do dia de ontem?

Mais trabalho, aborrecimento, tensão excessiva, encontros desagradáveis, brigas e, provavelmente, também chuva! Por essa perspectiva, ainda que a contragosto, as pessoas se orientam.

Bom-dia!

Não há mais nada de bom para este dia!

Mesmo quando o sol irradia todo o seu encanto, a exclamação será: "Ter de trabalhar com um dia tão lindo!" E quando — naturalmente de forma inesperada! — alguém diz: "Você está usando um belo vestido", essa pessoa receberá como resposta: "Você acha? Eu não gosto mais dele; afinal, já uso este vestido há mais de dois anos!"

Boa-noite!

Por outro lado, você pode dizer a essas pessoas, especialmente nesses dias, sem ser castigado por elas, que sua aparência é péssima, de cansaço, de alguém doente, velho, amargurado etc.; elas aceitarão agradecidas o seu inferno particular e, imediatamente, lhe darão uma explicação plausível para o fato.

Amigo! Volte para a cama! Por favor, comece o dia outra vez, desde o início. Por exemplo, da seguinte forma:

"Dormi bem. Estou descansado. Acordo em um ambiente harmonioso que eu mesmo criei. Tenho trabalho e ganho dinheiro. Esperam algo de mim. Sou útil. Minha posição exige concentração e responsabilidade. Estou preparado para aceitar o desafio também hoje. Eu me dou bem com as pessoas, sou equilibrado e reajo com descontração. Quando me levantar, andarei por aposentos que decorei segundo o meu gosto, verei os objetos que mereci: por meio do meu trabalho, da minha força, da minha coragem e das minhas decisões — através das chances que reconheci e utilizei."

Pode acontecer de alguma dessas afirmações ainda não corresponder à sua verdade, mas a vida é uma jornada através das oportunidades. Dê uma chance ao dia!

Se você lidar desta forma amigável com cada novo dia, terá o direito de ser curioso sobre o que ele tem a lhe oferecer.

O QUE LHE RESERVARÁ O DIA DE HOJE?

Eu estava com uma depressão profunda na minha vida particular (ser esotérica por profissão não garante uma vida pessoal isenta de dificuldades) quando resolvi "dar uma chance ao dia" — e esperar.

Como depois de algum tempo eu ainda não vislumbrasse nada que se parecesse com uma chance, por puro profissionalismo, eu não queria admitir minha falta de perspectiva; algo deveria ter dado errado.

E então me ocorreu:

No sentido cósmico, "esperar" significa exteriorizar o que se quer obter; pensamentos, afinal, são forças. Eu me encontrava num estado de absoluta passividade e não tinha a intenção de revelar o que gostaria de esperar; se não houver encomenda, a mercadoria não será entregue!

Se eu não quero decidir sobre o que o dia deva me trazer, ou seja, se não imagino nada concreto, terei de pôr algo em movimento na minha vida — ao menos, desistir de me queixar: preciso *esperar* alguma coisa, tenho de ser curioso! (Quando somos surpreendidos por uma tempestade, esperamos que ela passe; mas quando as chances surgem, temos de agir de forma diferente.)

Finalmente, tive a minha chance! Consegui superar minha depressão esotérica, transformando a situação num sucesso. Assim, sinto-me curiosa a cada novo dia! Sempre descubro o que há de novo no meu ambiente, nas pessoas. Também descubro o que há de novo em mim.

Minha curiosidade me ensinou algo sobre o significado das coisas e isso me ensinou a reconhecer os relacionamentos recíprocos. E com isso aprendi a confiar totalmente na vida — esperando alegremente uma oportunidade. E nunca deixarei de ser curiosa sobre o que me aguarda!

Dar um título ao dia

Cinema. Apresentação noturna. Você está deitado na cama e, na tela — a de seus olhos espirituais —, os acontecimentos do dia se desenrolam como num filme.

Então pergunte-se qual foi o tema desse dia, que chances esse dia lhe deu.

Ah, talvez você diga: paguei a conta atrasada da calefação; discuti esoterismo com minha sogra, o gato comeu grama demais e vomitou no tapete; a comida queimou e, seja como for, estou preparada para viver numa ilha — que título eu daria a um dia desses? Em que ponto eu tive uma única chance que fosse?

Ora, eu lhe diria que tudo o que vemos é apenas um símbolo para o que acontece conosco no plano espiritual. Pense mais uma vez nas analogias deste dia:

Ao pagar as despesas com a calefação, você agradeceu pelo calor e providenciou proteção; a conversa com a sogra mostrou-lhe que você ainda está insegura e, por isso mesmo, vulnerável; o gato lhe deu a chance (por certo, não a única) de oferecer compreensão e amor; o prato que não deu certo é uma indicação de que você está dedicando muito pouco tempo a si mesma. E, de acordo com esses aspectos, pergunte qual foi o acontecimento mais importante do dia e encontrará um bom título para esse filme. E tenha uma boa noite".

Na verdade, todas as coisas são neutras. Exclusivamente pelo nosso modo de contemplá-las, nós nos condenamos a ter emoções como raiva, decepção, desânimo, etc. Quando conseguimos pensar que sobre um mesmo acontecimento, cinco pessoas terão opiniões diferentes, saberemos como tudo é relativo.

Quando nos acostumamos a extrair de cada acontecimento a oportunidade que ele nos dá, nós nos condicionamos bastante para tudo o que até agora chamávamos de "problemas".

VOCÊ GOSTA DA SUA PROFISSÃO ATUAL?

Todo dia apresenta um novo desafio. E se à noite você se perguntar quais capacidades lhe foram exigidas em primeiro lugar e como você as dominou, saberá qual foi sua profissão nesse dia.

Talvez hoje você tenha sido um coordenador.

("Se eu não retivesse tudo na memória, nada neste estabelecimento daria certo.")

Ou foi um árbitro esportivo.

("Se eu não tivesse estado lá, os dois teriam competido em vão.")

Talvez tenha sido um marinheiro.

("Que bom que eu vi para onde estávamos rumando.")

Ou você foi conselheiro sentimental, professor, psicólogo, desenhista, treinador, capitão ou...

Mas, falando sério:

Quando você se acostumar a definir a "sua profissão do dia", pode ficar claro que você tem outras chances além das que usa agora. Quanto maior a freqüência com que usar com sucesso determinada capacidade, tanto mais nítida se tornará a sua verdadeira vocação.

"Os problemas" só querem despertar os nossos talentos, só querem nos dar uma chance na vida.

A PROFISSÃO DIÁRIA DO PONTO DE VISTA ESPIRITUAL

Um jovem veio me ver queixando-se de que havia se transformado num simples "limpador de janelas". Eu lhe disse que toda profissão é um símbolo para o que fazemos no plano espiritual e que não havia nada de "simples" na avaliação de algo, visto que tudo é importante para que tudo esteja ligado com tudo e para que a ordem cósmica possa ser mantida. Falamos sobre o fato de que, nessa relação, ele estaria providenciando para que as outras pessoas pudessem ter "transparência" de visão, para que "pudessem enxergar com clareza", para que "deixassem entrar a luz do sol", e que ninguém tem motivo, muito menos direito, de desvalorizar a profissão de outra pessoa considerando-a inferior.

Quando aprendermos a entender o nosso trabalho (não ligado diretamente à profissão que exercemos, mas o que realizamos por meio dela) passaremos, no mínimo, um terço da nossa vida mais satisfeitos. E quando alguns "problemas" forem tão "bacanas" a ponto de nos mostrar outras perspectivas profissionais — bem, nosso livre-arbítrio será o nosso passaporte!

Como corrigir os erros do dia

Se eu tivesse.. Se eu ainda pudesse... Você pode. Todas as coisas que você fez durante este dia, e todas as palavras que disse, podem ser corrigidas mentalmente — e com isso o dia ficará perfeito no plano espiritual. Quando um católico confessa seus pecados e quando um não-católico faz isso em casa, sentado em sua cadeira predileta, ele entra em contato com a força divina do perdão. Nada mais é necessário do que tomar consciência do seu erro e lamentá-lo (com palavras) ou mentalmente.

Pense no início do dia, e observe com toda a calma a seqüência dos fatos desse dia:

Que atos gostaria de não ter praticado?
Aja como acha que será correto.
Que mudanças conseguiu com essa ação?

Que palavras gostaria de não ter dito?
Diga agora o que acha correto dizer.
Que reação a mudança provocou?

Na medida em que aproveitar a oportunidade de viver uma série de acontecimentos do dia, você estará aprendendo a perdoar a si mesmo e também aos outros. Isso deixa você mais seguro no seu comportamento, nas suas decisões, mais descontraído e harmonioso. E a partir dessa harmonia você resolverá como quer ser no dia seguinte. E é assim que você será.

Assim, quando tiver aprendido a dar adeus a um dia de maneira alegre, entregando o corpo ao sono e confiando o espírito à outra dimensão, você poderá despedir-se alegremente de sua vida a fim de passar à dimensão espiritual. Quem concluir bem o velho começará bem o novo dia.

Quem quiser ouvir, terá de sentir

Se você já passou, nem que seja um quarto de hora, na sala de espera de um consultório médico, conhece bem os fatos: os pacientes trocam confidências com uma animação que eu gostaria de chamar de prazer, contando como vieram passando de doença em doença e — estranha satisfação! —, talvez venham a ter tais e tais sintomas, porque eles são um mal de família, ou porque os germes estão no ar, porque é fácil contagiar-se ou porque já eram assim quando crianças.

Por favor: quem tiver ouvidos para ouvir, deixe de prestar atenção!

Assim que você imaginar um risco físico para si mesmo, você libera inconscientemente uma atitude de expectativa. E aquilo que nós esperamos já o recebemos espiritualmente. É verdade que o perigo ainda tem de se manifestar de fato, e é exatamente isso o que vai acontecer! O medo de algo cria o conteúdo desse medo; praticamente, estimulamos a realização de nossas previsões! Isso é comum. Isso é perigoso!

Pensamentos são como sementes.

As experiências são a colheita.

Quando você ouve conversas negativas ou quando participa delas, acontece o seguinte:

Podemos dizer que a pessoa que está contando algo é o transmissor, e que ela buscou para si uma freqüência na qual pode transmitir algo, na qual é ouvida. E o ouvinte é você! Se você não "mudar de estação" quando o que ouve não lhe desperta o interesse, você recebe o que está sendo transmitido. Ou seja: você interioriza o que ouve, e tudo isso pode influenciá-lo. O que você ouviu pode aborrecê-lo. Pode produzir adrenalina. Pode sugar-lhe a energia. Pois nós enviamos energia para os assuntos que nos interessam, assuntos aos quais damos a nossa atenção. Esse é o motivo pelo qual as pessoas se sentem exaustas depois de ouvir falar de problemas, enquanto os outros, alimentados com a energia do seu ouvinte, se sentem maravilhosamente recuperados.

Quem preferir ouvir...

Mas nem sempre é possível evitar essas conversas, pois naturalmente estamos atentos às preocupações e necessidades das pessoas que vivem conosco, ou das que vêem em nós alguém em quem podem confiar.

Como podemos nos proteger?

Por meio da transformação do que ouvimos.

Pessoas que têm muita coisa negativa a contar estão em busca de experiências positivas; talvez inconscientemente, aceitem o negativo como proteção para evitar decepções; na realidade, não passa de um pedido de socorro que nos fazem. Preste atenção aos gestos de uma dessas pessoas, e você *verá* que ela está precisando de muito amor — não importa o que você *ouça*!

Agora, transforme o que ouvir e responda ao que estiver vendo!

Primeiramente, deixe algo bem claro: o outro está com um problema; não é você que tem o problema! Se tornar o problema do outro um problema seu, não poderá mais ajudá-lo, pois então ambos estarão com um problema. (Estou falando de problemas, não de necessidades. Quando alguém não tem mais o que comer, trata-se de uma necessidade essencial, e então é claro que é necessário ajudar.)

Reaja ao que você vê. Faça algo para ajudar a quem precisa de amor. Ajude o outro a ver (!) o problema dele como um desafio, a reconhecer no problema uma nova perspectiva, uma tarefa, uma oportunidade! (Transforme a expectativa negativa de receber ajuda em esperança, e, assim, em alegria de viver.)

Asseguremo-nos da confiança de quem confia em nós. "Somos eternamente responsáveis por aquilo que cativamos", é a lição que aprendemos com o PEQUENO PRÍNCIPE, de Saint Exupéry, ao falar da amizade.

Quem pode ouvir, tem de sentir o que tem de ser feito.

Toda provação nos traz uma vantagem

Será que o cosmos sorri ao ver o ser humano associar a cruz com o sofrimento e, por um lado, definir o sofrimento como uma "cruz", enquanto, por outro lado, se persigna no início e no fim das orações a que recorre para resolver algum problema?

Em nome do Pai e do Filho: haste vertical da cruz.

Símbolo do princípio masculino criativo, da atividade; símbolo da união do mundo superior (espiritual) com o inferior (material).

E do Espírito Santo: haste horizontal da cruz.

Símbolo do princípio feminino intuitivo, da passividade; símbolo do horizonte, do nível do mar, do fim.*

Amém.

Assim seja: que também fique claro que, com o sinal-da-cruz, não estamos nos dirigindo unicamente ao Princípio espiritual ("no alto"), mas também ao Princípio material ("embaixo"). Com o sinal-da-cruz confirmamos que está em nossas mãos evocar a Trindade, a fim de superarmos a não-unidade. E que aceitamos isso mais como uma vantagem do que como uma provação.

---

* Bauer/Dümotz/Golowin, *Lexikon der Symbole*, Fourier, Wiesbaden, 1982.

De que dois elementos, enfim, é composta uma cruz, uma cruz que represente uma vantagem para nós?

Primeiramente, existem duas linhas, uma igualzinha à outra. Na sua essência, elas são "andróginas" — até que se unam no centro, e portanto, até que sua "direção" seja estabelecida (vertical ou horizontal). Assim, através da vertical, "encarna-se" o princípio masculino e, através da horizontal, o princípio feminino. Duas linhas, uma totalmente igual à outra: assim como em cima, assim é embaixo. E assim a androginia, o oposto, também se preserva, tendo cada linha seus dois pólos opostos — o "quaternário", símbolo da nossa matéria, fundamentando os quatro elementos, os quatro pontos cardeais e as quatro estações do ano...

Na gematria, ramo da cabala judaica que hoje denominamos numerologia cabalística, o número 4 representa o "fazer". E o fazer, a ação é, como se sabe, o significado da palavra sânscrita "karma".

Isso demonstra que nós encarnamos para "fazer", para poder "agir"; e é pelo mesmo motivo que também reencarnamos. O "karma" só pode ser "vivido" no quaternário, na matéria. Isso também demonstra que o karma é aceito, pela maioria das pessoas, como uma cruz, quando, na verdade, é a nossa vantagem, a nossa oportunidade.

Como superar as desvantagens

Toda carência em nossa vida é resultado de pensamentos negativos no âmbito correspondente. Nós projetamos a desvantagem interior para fora.

Pois, se aceitamos que os pensamentos são forças, e, aos poucos, estamos aceitando essa idéia nos quatro pontos de interseção da terra, não podemos esperar que, tanto de atitudes positivas quanto de atitudes negativas, provenham resultados positivos na vida. Se ficarmos pensando no que nos falta, conseqüentemente faltará ainda mais. Falta de auto-estima no que se refere a amor, trabalho, dinheiro, também leva inevitavelmente a uma carência de amor, de trabalho, de dinheiro. Leva à passividade, à estagnação.

Mas assim como a haste vertical do sinal-da-cruz representa a passividade e, com isso, a "desvantagem", é possível que nos livremos de toda carência na medida em que cruzarmos essa desvantagem com um princípio criativo, ou com o princípio doador da Trindade, com a energia que une o corpo, a alma e o espírito.

— → +

Portanto, disso não faz parte necessariamente a santidade. Contudo, a autoconfiança é necessária!

Quem quer dar, também tem de saber receber

Quantas pessoas acham que abrir as mãos tanto pode significar dar algo quanto ter de receber alguma coisa?

"Não tenham tanto trabalho por minha causa", algumas pessoas dizem, enquanto o coração delas bate de alegria por alguém importar-se com elas. "Mas isso não era necessário", ouvimo-las dizer, envergonhadas, quando recebem um carinho do qual precisavam muito.

São essas mesmas pessoas que intrigam o cosmos com afirmações do tipo: "Não preciso de tanto dinheiro assim", ou "Tenho um marido forte e dois filhos sadios. O que mais posso querer?" Ou ainda "O principal é ter saúde, a tudo o mais posso renunciar com prazer".

Essas mesmas pessoas bem que poderiam dizer: "Agora a minha macieira já deu suas maçãs maduras e acho que isso basta." Ou também: "Mas essa colheita é natural, visto que plantei batatas; por minha causa, a natureza não teria se dado trabalho extra..."

Em determinado momento essas pessoas estão dizendo verdades às outras pessoas, mas no momento seguinte, a mão que poderia se abrir para receber se fecha, em punho cerrado.

Dar e receber é como semear e colher, um ciclo natural, e é assim que deve permanecer. Só quem também consegue receber sempre terá algo para dar aos outros; enquanto isso, temos simplesmente de tornar a encher o nosso celeiro! Você se lembra da parábola das sete vacas gordas e das sete vacas magras? Você sabe que não existe o "demasiado"; sabe que podemos e devemos aceitar o que nos dão; sabe que nada nos faltará, desde que também saibamos receber.

Do dar faz parte a confiança; do receber faz parte a autoconfiança, que, para muitas pessoas, equivale a ter confiança em Deus; ao menos para mim, isso é verdade.

Minha vida vai bem, obrigado

"Por isso vos declaro: tudo o que pedirdes em oração, crede que certamente recebereis e vos será concedido" (Marcos, 11:24). Sim, Jesus, por que não fazemos isso agora, visto que é tão simples? Será que de fato é simples? Mas existe algo em nós, pessoas de pouca fé, que não nos deixa confiar totalmente nesse segredo do sucesso: nós não ousamos receber porque nos achamos indignos. E nos consolamos com fantasias sobre o motivo de nem sequer podermos obter aquilo que pedimos. Raios! Por que então pedimos algo, se depois não o podemos aceitar? Há lógica no fato de perdermos o hábito de rezar, pois as orações comprovadamente não funcionam, certo? É provável que nem exista um Deus, não é mesmo?

Todo desejo, todo pedido é um pensamento! Tudo o que existe foi formado pelo espírito, pelo pensamento. Nada pode surgir que antes não tenha sido formado espiritualmente, que não tenha sido pensado. Tudo o que pedimos em nossas orações também temos de ousar receber, também temos de nos considerar dignos de receber. Como conseguir essa obra de arte?

Também nesse caso isso começa com um pensamento.

Para podermos pedir algo com "êxito", é preciso que sejamos gratos pelo que temos. O agradecimento é um pedido. É confiança de que "nos espaços superiores" já se sabe aquilo de que precisamos. No entanto, saber disso não torna o pedir e a oração desnecessários; exatamente porque imaginamos o que queremos, nós o criamos. Pelo fato de sermos gratos, podemos aceitá-lo.

Pense uma vez naquilo pelo que tem de agradecer na vida. Agradeça pelas pessoas que o amam, agradeça pelo riso em você, agradeça pelo seu talento, pelo seu lar, pelo amor do seu gato; agradeça por tudo o que há de belo na sua vida!

Será que isso é tão difícil de fazer?

Sim, às vezes é.

Quando estamos no meio de uma crise, quando sentimos tristeza, decepção, quando há problemas em nossa vida, quando não há ninguém presente que nos ame — nós nos resignamos e só o fazemos nessas ocasiões. Tudo o que acontece tem sua própria beleza. Todo riso tem seu tempo, como também todo pranto. Lágrimas de tristeza têm o mesmo sabor salgado das lágrimas de alegria. Assim como o riso e o pranto moram lado a lado no nosso coração, eles também têm o mesmo som: basta ouvir com atenção.

Não é possível aceitar um com gratidão e recusar o outro. Nós bloquearemos o bem em nossa vida se não aceitarmos as dificuldades com a mesma gratidão. Pois se nos resignarmos, não faremos progresso no nosso caminho, mas estaremos condenados a chafurdar no sofrimento. Mas que desperdício!

E não é extraordinário que tenhamos a tendência de contemplar o sofrimento como algo de longa duração e a alegria como algo de pouca duração? Também nesse caso vale dizer: Creiam, e isso lhes será concedido.

Toda experiência dolorosa por que passamos terá um sentido perfeitamente determinado. Mais tarde, quando tivermos reconhecido que ela nos levou para o bem, para algo melhor na nossa vida, nós a aceitaremos com gratidão. Talvez possamos nos acostumar a confiar no fato de que esse significado já existia no momento em que passamos pela experiência.

Ajude-se e, com certeza, Deus o ajudará

Tudo o que existe tem sua origem no espírito, no plano dos pensamentos, tanto a bomba atômica quanto os movimentos pela paz. Nada pode acontecer que antes não tenha sido pensado. Através de testemunhos mediúnicos, sabemos que no assim chamado "Além", portanto, no mundo espiritual, um pensamento provoca a imediata "materialização" e, no assim chamado "aquém", isso não é diferente — só que com uma variante: como seres humanos estamos presos ao espaço e ao tempo, e a dimensão do nosso problema só pode ser avaliada depois de determinado tempo. O pensamento, como uma criação espiritual, sempre trabalha na concretização de si mesmo. Mas como?

Todos nós conhecemos a citação, que se aplica a todas as pessoas: "Ajuda-te, que Deus te ajudará." Todos já jogamos uma pedra na água e vimos como se formaram círculos na superfície. O princípio é o mesmo: na medida em que estivermos preparados para nos ajudar em uma situação difícil, imaginamos essa situação mudando, melhorando e se resolvendo; temos esperança e sentimos que essa é uma forma de energia. E, no mesmo momento, sentimos que já estamos prestes a resolver o nosso problema, que podemos fazê-lo, que teremos êxito. E da mesma forma como as moléculas se modificam no espaço por meio do menor de nossos movimentos (criando "novas situações no espaço"), da mesma forma se modifica a vibração da nossa aura — e, no verdadeiro sentido da palavra "magia", atraímos para nós pessoas que nos ajudam a virar essa página da nossa vida.

É assim que funciona o pensamento positivo. É assim que Deus funciona.

No entanto, isso também funciona no sentido inverso: se não ajudamos a nós mesmos — o que pode ser reconhecido pela síndrome do "eu não posso" — excluímos as energias positivas que nos ajudam; não é interessante depender de um "pai" que, se por um lado faz tudo voltar à ordem, por outro lado, deixa de existir à medida que a nossa fé vacila. O pensamento positivo é o pressuposto para uma ação positiva. Se pensamento e ação não estiverem em sintonia, temos de mudar o nosso pensamento, pois pensamentos são energias.*

"Ajuda esotérica" ou "Esoterismo, socorro"?

Será que afinal precisamos do "exoterismo", visto que temos a pílula da felicidade chamada "esoterismo"? E como precisamos dele! O esoterismo pode ajudar as pessoas a viver melhor o exoterismo, só que é preciso vivê-lo. Mas é claro que esse fato não goza de popularidade. E para o que, afinal, o ser humano aprendeu a se controlar?

Fechemos os olhos e imaginemos que o exoterismo nunca nos fez felizes de fato, e que mergulhamos nossa alma ferida em uma fonte de cura que nunca cessa de correr. Por fim, aprendemos o seguinte:

O esoterismo nos livra de alguns problemas, nos faz encontrar o parceiro ideal, nos ajuda na carreira profissional e

---

* Hoefler, *Namen — das ausgesprochene Geheimnis*, *Windpferd Verlag*, Durach, 2ª edição, 1989.

nos ensina como ficar ricos; e tudo isso aprendemos num curso de uma noite, sem esforço nenhum. As respostas às perguntas que faríamos a Deus e à vida nos são dadas através de clarividência ou, na melhor das hipóteses, através de canalização direta. E ao diabo com a individualidade! Os esoteristas formam uma grande família, e nela se come o que é servido à mesa: alimentos vegetarianos e macrobióticos, sem nenhuma gota de bebida alcoólica! Ter bom humor não é exatamente um dever, e a prática do sexo pode ser compensada por técnicas de respiração e por exercícios de yoga.

Afinal, onde vivemos? Na Disneylândia?

O esoterismo não é um mecanismo que, de forma maravilhosa, se ocupa de si mesmo com o objetivo de impedir o exoterismo. Ele nos ajuda a resolver problemas, a encontrar um parceiro, a ter bens materiais para sobrevivência, e também nos ajuda a descobrir as respostas que servem a um melhor conhecimento do sentido da nossa existência, aqui, no aquém. Mas temos de encher tudo isso com vida, temos de nos "sentir" com todos os nossos sentidos funcionando. Tristeza e felicidade fazem parte da vida. As coisas não são necessariamente como queremos, mas um belo bife, um copo de vinho, um parceiro também fazem parte da vida. Não sejamos tão sensíveis a ponto de não podermos ser sensuais!

SÓ ME SINTO MAL NA MEDIDA EM QUE ACHO BOM SENTIR-ME MAL

Todo sofrimento é uma paixão. Nós o degustamos. Nós o usamos. Nós tiramos vantagem dele. Quando não o saboreamos mais, quando não o usamos mais, quando ele não nos dá mais vantagem, ele torna a desaparecer.

Quando você era criança, não conseguiu fazer com que seus pais desistissem de um programa noturno, dando um jeito de ter uma febre?

Você se lembra de uma fase da sua vida em que estava constantemente doente, fazendo com que seu parceiro, carinhosamente, redobrasse os cuidados com você?

Há problemas na sua vida que levam as pessoas com quem você gosta de conviver a lhe dedicar mais tempo do que na verdade seria necessário?

Muitos sofrimentos são "criados" pelas pessoas porque, através deles, essas pessoas conseguem receber dedicação e atenção e porque precisam de "um ombro amigo" (há um risco muito grande de confundir isso com amizade).

Muitas pessoas também deixam que o sofrimento as atinja, pelo fato de terem a tendência de assumir uma forte "personalidade de vítima". (Mas como sou digno de pena! Como devem me admirar! Como devem me elogiar!)

Por outro lado: o ser humano precisa de certas experiências dolorosas porque a) deve aceitá-las e b) transformá-las. E não existe um "b" sem um "a". Ou então porque tem de transformar a si mesmo através do sofrimento. Nesse caso, o sofrimento atua de forma construtiva; ele não aprisiona, mas liberta.

Quando estiver sofrendo com alguma coisa, pergunte a si mesmo:

"Que bem isso me fará?"

Quando deixar que o sofrimento o atinja durante muito tempo, pergunte a si mesmo:

"O que eu estou querendo de mim mesmo?"

Assim que tiver reconhecido o sentido do sofrimento, o sofrimento deixará de ter sentido para você. E lhe será possível gozar a vida outra vez — de outra maneira.

Nosso caráter é a nossa essência

Somos contraditoriamente carinhosos, impacientes, tristes, alegres, ordeiros, pensativos, preguiçosos, curiosos e tudo o mais. No entanto, não somos tudo isso ao mesmo tempo. Algumas das nossas características são compatíveis entre si, a ponto de aparecerem ao mesmo tempo; outras, por sua vez, têm épocas ou ocasiões especiais, e outras ainda só se manifestam em situações extremas da nossa vida, quando tomamos conhecimento delas.

Mas todos os nossos traços característicos nos permitem conhecer que tipo de pessoa somos exatamente agora.

A soma de nossas características atuais é composta de partes do ser que encarnamos em diferentes vidas anteriores (não importa se foram perfeitas ou imperfeitas). Essas características são o nosso programa pessoal atual, o nosso "karma". Portanto, escolhemos para a encarnação atual características que se adaptam às tarefas que nos ligam à atual encarnação; pode-se comparar a situação com a de quando vamos viajar e, para tanto, escolhemos as roupas, roupas que servem ao propósito da nossa viagem, que correspondem ao clima e que nos parecem apropriadas para determinadas situações. (O hábito faz o monge? As características fazem as pessoas.)

Recebemos o nosso livre-arbítrio para decidir como queremos "ser", com que personalidade enfrentaremos o dia. Quando estudamos bem as características do ser, aprendemos a conhecer as possibilidades que nos são oferecidas, e também aprendemos a dominá-las (em vez de sermos dominados por elas).

Assim, por exemplo, podemos introduzir a "raiva" quando valer a pena reconhecer injustiças, e podemos lhe dar, digamos como observador, a "justiça". A "paciência" pode ser introduzida em todos os assuntos que necessitarem de tempo para se desenvolver. A essência "preguiça" pode ajudar-nos a recuperar as forças por meio de um descanso.

Quando temos traços característicos que aparecem mais como "defeitos", eles nos dão a habilidade adequada para a superação do problema.

Digamos que você tem o hábito de começar as coisas e de não terminá-las. Se você não controlar esse jeito de ser, nunca chegará a ser alguém na vida. Mas existe um motivo para que tenha trazido essa característica para a sua jornada pela vida. Use essa característica quando foi apropriado tornando-se irascível, destruindo as pontes atrás de si, renunciando. Nesses casos, essa característica negativa transforma-se numa qualidade.

E, assim, todos os supostos erros e insuficiências são a "verdadeira essência dos nossos testes"; são características úteis, dignas de amor. E é por isso que toda pessoa é, a seu modo, digna de amor.

CAPÍTULO 4

TESTE: RECONHEÇA AS SUAS VANTAGENS PESSOAIS

O QUE VOCÊ SABE FAZER E O QUE PODE FAZER COM O QUE SABE

No meu trabalho clínico estão sempre aparecendo pessoas que têm muita imaginação para tudo o que não é factível em sua vida e, é claro, para os motivos por que não serão capazes de realizar uma série de coisas. A cada uma das minhas perguntas do tipo "por que não?" elas rapidamente dão uma resposta do tipo "sim, posso, mas..."

Há algo em comum a todas essas pessoas: elas ainda não conseguem perceber a riqueza de oportunidades que têm à disposição.

Você conhece a sua?

Você conhece suas forças, capacidades, esperanças, desejos e objetivos?

Muitas pessoas dizem agora: "Sim, eu tenho tudo isso na cabeça."

Muito bem. E por quanto tempo tudo isso terá de ficar aí?

Tire tudo da cabeça e leve ao coração, descendo até o estômago, para que você tenha a sensação de tudo o que pode digerir.

Muitas vezes, peço aos clientes para fazerem um balanço, para prepararem "listas" em que comparem determinadas características com outras. Eu quero praticar isso com você, neste exato momento.

Nas páginas seguintes, você terá a oportunidade de elaborar o seu perfil em diversos âmbitos da sua vida. Por favor, trabalhe com as listas, sem mudar o sentido literal das perguntas. Seja como for, a tarefa proposta não é fácil; você logo perceberá isso. No início, você terá, por exemplo, dificuldade para escolher; terá de lutar com as prioridades. Isso é natural.

Trata-se de um processo necessário e, portanto, desejado. No entanto, eu quero lhe dar uma ajuda: na página depois de cada lista há alguns exemplos — propositadamente muito poucos — para ajudá-lo a fazer o seu balanço.

Sendo assim, chegou a hora de desejar que você *sinta* a diferença entre conhecimento cerebral e conhecimento instintivo (da cabeça e da barriga), entre a teoria das células cinzentas e a vontade de viver!

1. Balanço
Personalidade como um todo

O que sei fazer	O que posso fazer com o que sei

Exemplos:

Balanço
Personalidade como um todo

O que sei fazer	**O que posso fazer com o que sei**
Amar	Tornar as pessoas felizes Ajudar
Compreender inter-relacionamentos complicados	Explicar de forma clara e precisa Ampliar interesses intelectuais
Executar planos	Transmitir aos outros o necessário *know-how* Dar força Convencer
Tocar piano	Criar vibrações que comovam as pessoas Tocar peças de Mozart Talvez tornar-me um pianista Ter prazer pessoal com a música

2. Balanço
   Auto-estima

Que características aprecio em mim mesmo	Que pessoas atraio com essas características

Exemplos:

Balanço
Auto-estima

Que características aprecio em mim mesmo	Que pessoas atraio com essas características
Amor aos animais	Pessoas compreensivas, tolerantes, solidárias, bem-humoradas, amorosas, criteriosas
Sinceridade	Pessoas que conseguem suportar a verdade Pessoas responsáveis
A capacidade de ficar só	Pessoas com personalidade marcante, altruístas, sensíveis, caracteres respeitosos

3. Balanço
Amor, relacionamentos

Que características aprecio nos outros	De que forma respeito essas características

Exemplos:

Balanço
Amor, relacionamentos

Que características aprecio nos outros	De que forma respeito essas características
Integridade absoluta	Respeito — aceitação absoluta — confiança — dedicação
Mas como cheira bem!	Ora, até que ponto?
Esperteza	Confio no julgamento delas, peço conselhos, aprendo, recebo e também transmito impulsos

4. Balanço
   Profissão sonhada

Que profissão eu gostaria de exercer	Que capacidade tenho para isso; quais as aptidões importantes para o meu trabalho atual

Exemplos:

Balanço
Profissão sonhada

Que profissão eu gostaria de exercer	**Que capacidade tenho para isso; quais as aptidões importantes para o meu trabalho atual**
Maquinista de locomotivas	Concentração — rapidez de reflexos — compreensão técnica — consciência da responsabilidade
Artista de teatro	Boa memória — controle da mímica e dos gestos — força de convicção — apresentação segura — voz agradável
Pintor	Criatividade — intuição — sensibilidade — autoconfiança — compreensão da harmonia — perseverança

5. Balanço
Profissão que exerço

Atividades que pertencem à minha profissão	O que eu consigo realizar no plano espiritual com essas atividades

Exemplos:

Balanço
Profissão que exerço

Atividades que pertencem à minha profissão	O que eu consigo realizar no plano espiritual com essas atividades
Telefonista: Aceitar e transmitir chamados	Analogia: Deixo que as pessoas criem vínculos por meio dos telefonemas
Lavador de janelas: Equilíbrio — lavar janelas	Analogia: Estou em harmonia e posso deixar que os outros "possam ver através" (da janela) trazendo mais "luz" para a sua vida

6. Balanço
Finanças

Que associações faço com o dinheiro	O que provoco na minha vida com essas associações

Exemplos:

Balanço
Finanças

Que associações faço com o dinheiro	**O que provoco na minha vida com essas associações**
"O dinheiro corrompe o caráter"	Medo do dinheiro e, conseqüentemente, "refúgio" na falta de recursos
Não preciso de muito dinheiro	Limitação financeira voluntária
Acertar uma vez na loteria!	Missão de assumir responsabilidade pessoal pelo bem-estar financeiro e, assim, deixar de prestar atenção às chances de ter lucro fácil!
Sempre terei o que preciso, terei até muito mais	Abertura para todas as energias que me unem à energia da vida material relacionadas com o dinheiro

Balanço final da própria personalidade

Se você considera as suas listas encerradas ou suficientemente respondidas, constate quais são as três afirmações mais importantes para você. Então pergunte a si mesmo se as perspectivas tornadas nítidas realmente são desejadas, ou seja, se significam algo para você. Todas as respostas afirmativas devem ter um caráter harmonioso na sua análise definitiva (se, por exemplo, no balanço relativo à auto-estima você preferiu o poder ficar só, a profissão dos seus sonhos não poderá ser de artista). Quando você analisar aspectos da sua personalidade e verificar que se contradizem ou que se limitam mutuamente, torne a examinar outra vez as prioridades que estabeleceu. Se ficar com a sua avaliação anterior, use as contradições como informação: elas revelam os âmbitos da vida em que você arranjou problemas e de que maneira. Depois deste balanço você poderá refazer a sua vida com sucesso.

Agora escreva os resultados resumidos no esquema de perguntas a seguir:

1ª Avaliação
Personalidade como um todo

1.
O que sei fazer ______________________________
O que posso fazer com o que sei __________________
É isso mesmo o que eu quero? ____________________

2.
O que sei fazer ______________________________

O que posso fazer com o que sei ______________________
É isso mesmo o que eu quero? ______________________

3.
O que sei fazer ______________________
O que posso fazer com o que sei ______________________
É isso mesmo o que eu quero?______________________

2ª Avaliação
Auto-estima

1.
Que características aprecio em mim mesmo ____________
Que pessoas atraio com essas características ____________
É isso mesmo o que eu quero? ____________

2.
Que características aprecio em mim mesmo ____________
Que pessoas atraio com essas características ____________
É isso mesmo o que eu quero? ____________

3.
Que características aprecio em mim mesmo ____________
Que pessoas atraio com essas características ____________
É isso mesmo o que eu quero? ____________

3ª Avaliação
Amor, relacionamentos

1.
Que características aprecio nos outros ___
De que forma respeito essas características ___
O outro quer que eu faça isso? ___

2.
Que características aprecio nos outros ___
De que forma respeito essas características ___
O outro quer que eu faça isso? ___

3.
Que características aprecio nos outros ___
De que forma respeito essas características ___
O outro quer que eu faça isso? ___

4ª Avaliação
Profissão sonhada

1.
Que profissão eu gostaria de exercer ___
Que capacidade tenho para isso; quais são as aptidões importantes para o meu trabalho atual ___
O que isso significa para mim? ___

2.
Que profissão eu gostaria de exercer ___
Que capacidade tenho para isso; quais são as aptidões importantes para o meu trabalho atual ___

O que isso significa para mim? ___________________

3.

Que profissão eu gostaria de exercer _______________

Que capacidade tenho para isso; quais são as aptidões importantes para o meu trabalho atual _______________

O que isso significa para mim? ___________________

5ª Avaliação

Profissão que exerço

1.

Que atividades pertencem à minha profissão __________

O que eu consigo realizar no plano espiritual com essas atividades _________________________________

O que isso significa para mim? ___________________

2.

Que atividades pertencem à minha profissão __________

O que eu consigo realizar no plano espiritual com essas atividades _________________________________

O que isso significa para mim? ___________________

3.

Que atividades pertencem à minha profissão __________

O que eu consigo realizar no plano espiritual com essas atividades _________________________________

O que isso significa para mim? ___________________

6ª Avaliação

Finanças

1.

Que associações faço com o dinheiro ____________________

O que provoco na minha vida com essas associações ______

É isso mesmo o que eu quero?___________________________

2.

Que associações faço com o dinheiro ____________________

O que provoco na minha vida com essas associações ______

É isso mesmo o que eu quero? __________________________

3.

Que associações faço com o dinheiro ____________________

O que provoco na minha vida com essas associações ______

É isso mesmo o que eu quero? __________________________

CAPÍTULO 5

Como Conhecer o Karma Através do Nome

O alfabeto dos anjos

À tradição milenar devemos o conhecimento de que em cada letra do nosso alfabeto existe uma energia com um ritmo de vibração específico (freqüência) e, assim, uma ressonância específica. Quando pensamos afirmativamente numa letra ou a pronunciamos, entramos em contato com essa energia, como aquele "interlocutor cósmico" que combina em si mesmo determinadas características essenciais; contamos a esse ser (masculino ou feminino) nossos desejos, esperanças; fazemos as nossas perguntas e apresentamos os nossos problemas aos anjos.

O alfabeto dos anjos*

A, Ä Afirmação da vontade, energia, força, ação, iniciativa, comprometimento, princípios, concentração, responsabilidade pessoal, autoridade

* O significado de algumas letras é igual.

B Sabedoria, inteligência, intelecto, talento, estudos, teoria, desenvolvimento da consciência, sede de conhecimento

C Espiritualidade, esoterismo, parapsicologia, sabedoria limítrofe, sensibilidade, intuição, conhecimento, mediunidade, influenciabilidade, arte, criatividade

CH Ordem cósmica, direito, justiça, lei, ordem, honestidade, precisão, construtividade, lealdade, integridade, equilíbrio interior, saúde

D Trabalho, ação, atividade, espontaneidade, impulsividade, esforço, sistemática, visão clara, pragmatismo, expansão, valor, decisão, publicidade

E Religião(ões), prestação de serviços, ajudar/ajuda, agentes de cura, influência cósmica, sensibilidade, espiritualidade sutil, sutileza, nobreza, generosidade, estilo, caráter, nível espiritual, origem, o inexplicável, sentido da vida, amor

F Verdade/veracidade/honestidade, crença, esperança, idealismo, calor humano, carinho, solidariedade, compaixão, bondade, benevolência, amor ao próximo, apoio ao mundo espiritual

G Vida em comum, coisas comuns, comunicação, entendimento, disposição de ajudar, amizade, cooperação, integração, transmissão/intervenção, paz, juízo, comprometimento social, capacidade de extroversão

H Ordem cósmica, direito, justiça, lei, ordem, honestidade, precisão, construtividade, lealdade, integridade, equilíbrio interior, saúde

I, J Modificação, troca, eclosão, revolução, inovação, reforma, transição/solução da transição, ocupações colaterais, limitação, inclinação, flexibilidade, instabilidade, esquisitice, desapego, viagens, independência

K Espiritualidade, esoterismo, parapsicologia, sabedoria limítrofe, sensibilidade, intuição, conhecimento, mediunidade, vulnerabilidade, arte, criatividade

L Missão kármica, doação, dedicação, humildade, espírito de sacrifício, sacrifício, cumprimento do dever, modéstia, submissão, perdas, renúncia, serviço prestado aos outros, responsabilidade, fidelidade

M Conhecimento superior, transformação da personalidade, transformação/modificação, despedida, morte, crise, destruição, nova orientação, reinício, misticismo, segredos

N Disciplina, compreensão, luta, espírito pioneiro/trabalho de vanguarda, confiabilidade, exemplo/exemplaridade

O, Ö Dificuldades, problemas, obstáculos, caos, catástrofes, sofrimento, perturbação espiritual, situações de extrema dificuldade, processo de aprendizado, caminho de iniciação, ensinamentos, aconselhamento

P, PH Verdade/veracidade/honestidade, fé, esperança, idealismo, calor humano, generosidade, solidariedade, compaixão, bondade, benevolência, amor ao próximo, comprometimento social, apoio ao mundo espiritual

Q Harmonia, satisfação, felicidade, alegria, amabilidade, digno de amor, humor, pensamento positivo

R Reencontros kármicos, experiências-chave, experiências de *déjà-vu*, orientação espiritual, progresso espiritual

S Chances, ascensão, carreira, sucesso, progresso, ressonância, popularidade, honra, proeminência, fama

SCH, SH Incorreção, mentira, calúnia, injustiça, ingenuidade, egoísmo, niilismo, criminalidade, vício, perseguição, destrutividade, desordem, tendência aos acidentes, doenças, perigos

T Psicologia, filosofia, formação do coração, sabedoria de vida, sabedoria, tato, estratégia, diplomacia, cultura, instrução por disposição divina

TH Efeito astral, etérico, sonhos, visões, percepção extrassensorial, nostradamismo, genialidade

U/Ü, V, W Provas, crítica, pesquisa, análise, interesse, curiosidade, descoberta, invenção, esclarecimento, sexualidade

X Influência, sofrer influência, irradiação, força de atração/magnetismo pessoal, charme, efeito, competência, poder

Y Modificação, troca, eclosão, transformação, revolução, inovação, reforma, passagem/resolução da transição, ocupações colaterais, limitação, tendência, flexibilidade, instabilidade, capricho, desapego, viagens, independência

Z Superação, auto-superação, domínio, tenacidade, capacidade de resistência, superioridade, soberania, raciocínio, estratégia, perdão, elogio, vitória, lucro/lucrar

Os anjos no nosso nome

Como cada letra traz determinada energia, naturalmente é interessante e útil saber que forças estão unidas nas letras do nosso nome.

Baseada numa cabalística kármica criada por mim, mas que será tema de um outro livro,* é possível conhecer o sentido e o caminho para a vida atual, nossos dons e tarefas, deveres e provações, mas também nossa vocação, a ajuda e as oportunidades de que dispomos. A elaboração desses fatores baseados em sistemas divulgados pela primeira vez neste livro é precedida por uma análise do nome, um psicograma. Como acho que estes conhecimentos básicos da própria personalidade fazem parte do tema deste livro, eu gostaria de divulgar partes do capítulo correspondente neste ponto.

---

* Hoefler, *Namen — das ausgesprochene Geheimnis*, Windpferd, Aitrang, 2ª edição, 1989.

A FORÇA DOS ANJOS NO NOSSO NOME

Quanto maior a freqüência com que uma letra aparece no nosso nome, tanto mais intensamente estamos ligados à energia nela representada.

É válida a seguinte regra:
1 x
Efeito de força normal
2 x
Efeito fortalecido
3 x
Efeito ótimo
4 x ou mais
Tendência ao exagero ou transformação da força correspondente; aspecto de prova

ÂMBITO DO EFEITO DOS ANJOS

De acordo com a tradição, cada letra corresponde a um número. Quando um nome apresenta várias vezes a mesma letra, o número tantas vezes repetido se multiplica com as letras que o representam. O resultado disso é que as energias do "anjo do nosso nome" podem tornar-se eficazes em diferentes âmbitos:

Exemplo:	Letra:	A
	Número:	1
	Energia:	Vontade

Quando um nome apresenta 3 vezes a letra A, podemos contar: 3 x 1 = 3. A energia da "vontade" é usada num âmbito que represente o número 3. Aqui: comunidade, comunicação (compare com "Definição resumida" p. 90). Conseqüentemente, essa pessoa imporá sua vontade de forma ideal em ambientes socialmente mais amplos = na comunidade, com força de imposição.

Conhecimento por meio do psicograma

Um diagrama do nome, em essência um psicograma, nos dá a um só olhar a informação sobre que forças usamos, onde e de que modo as usamos; onde atuam as nossas provas, as nossas forças, onde atuam os nossos "anjos" pessoais.

Como exemplo geral, analisamos o psicograma de Albert Schweitzer.

Exemplo:

Psicograma de Albert Schweitzer

Psicograma	Valor único	1x	2x	3x	4x	... x	Total
A, Ä	1	X					1
B	2	X					2
C	11						
CH	8						
D	4						
E	5	X	X	X			15
F	17						
G	3						
H	8						
I, J	10	X					10
K	11						
L	12	X					12
M	13						
N	14						
O, Ö	16						
P, PH	17						
Q	19						
R	20	X	X				40
S	21						
SCH, SH	18	X					**18**
T	9	X					9
TH	22						
TS, TZ	18	X					**18**
U/Ü, V/W	6	X					6
X	15						
Y	10						
Z	7						

* Os números 8, 10, 11, 17 + 18 aparecem duas vezes. No exemplo, A. S. tem o número 18. Assim, aqui se conta: 2 x 18 = 36 = 9.

ALBERT SCHWEITZER

Albert Schweitzer, teólogo e filósofo (1875-1965) mantinha um vivo interesse por áreas que exigiam dele um forte comprometimento pessoal e disposição para o sacrifício, além do fato de ele ter enfrentado a doença e o perigo. O "médico de Lambarene", como todos sabemos, curava em condições de extremo perigo inúmeras pessoas. Seus "pontos fortes" estavam na sua intrepidez e no conhecimento de que tinha uma missão a cumprir; sua maior força, contudo, Albert Schweitzer tirava da religião, da ligação renovada com Deus — e do seu amor por todas as pessoas.

Interpretação do psicograma
(compare com as definições resumidas na p. 90)

Albert Schweitzer reunia em si as seguintes forças:

1 x = efeito normal

de:

A = 1 = Vontade, energia
B = 2 = Sabedoria, estudos
I = 10 = Modificação, reforma
L = 12 = Sacrifício, renúncia, missão kármica
T = 9 = Filosofia, sabedoria
W = 6 = Provação, pesquisa

A respectiva energia foi sentida e usada por Albert Schweitzer em grau normal.

2 x = efeito fortalecido

de:

18/Incorreção, Doença, Perigo

Âmbitos de efeito: (SCH, TZ = 2 x 18 = 36) = 9/Filosofia, Sabedoria

O efeito fortalecido da incorreção, doença e perigo foram dominados por A. S. através da filosofia e da sabedoria.

2 x = efeito fortalecido

de:

20/Missão (Renascimento)

no âmbito de efeito: (R = 2 x 20 = 40) = 4/Trabalho

A missão fortalecida perceptível para A. S. foi preenchida por ele no âmbito do trabalho.

3 x = efeito ótimo

de:

5/Religião, Ajuda, Cura, Amor

no âmbito de efeito: (E = 3 x 5) = 15/Competência, Influência

Religião(ões), Ajuda, Cura e Amor foram otimamente usados por A. S. na medida em que tinha competência e influenciava os outros.

---

* Anote com um x no título correspondente cada uma das letras do seu nome (x), e a cada repetição da letra acrescente mais um x. Para tanto existem 5 colunas, sendo que na quinta você deve introduzir o fator de multiplicação. Preste atenção na hora de inscrever o valor das letras duplas CH/PH/SCH/SH/TS/TZ; SS é como se valesse 2 x S.

Leia na coluna "número isolado" qual número você terá de multiplicar, anote o resultado "total". Se esse número for maior que 22, vale a soma transversal. Preste atenção a eventuais duplicações (por exemplo, em alemão o número 18 será anotado tanto para SCH quanto para o TZ).

O SEU PSICOGRAMA PESSOAL*

Psicograma	Valor único	1x	2x	3x	4x	... x	Total
A, Ä	1						
B	2						
C	11						
CH	8						
D	4						
E	5						
F	17						
G	3						
H	8						
I, J	10						
K	11						
L	12						
M	13						
N	14						
O, Ö	16						
P, PH	17						
Q	19						
R	20						
S	21						
SCH, SH	18						
T	9						
TH	22						
TS, TZ	18						
U/Ü, V/W	6						
X	15						
Y	10						
Z	7						

KARMA — DEFINIÇÃO RESUMIDA*

1	A, Ä	Vontade, Energia
2	B	Sabedoria, Estudos
3	G	Comunidade, Comunicação
4	D	Atividade/Ação, Trabalho
5	E	Religião(ões), Ajuda, Cura, Amor
6	U, Ü, V, W	Prova, Crítica, Pesquisa, Análise
7	Z	(Auto)superação, Vitória
8	H, CH	Direito, Ordem, Saúde
9	T	Filosofia, Sabedoria, Psicologia
10	I, J, Y	Modificação, Reforma, Viagens
11	C, K	Espiritualidade, Intuição, Criatividade
12	L	Missão Kármica, Sacrifício, Dedicação
13	M	Sabedoria Superior, Despedida, Reinício
14	N	Disciplina, Espírito Pioneiro, Exemplo
15	X	Influência, Efeito, Competência
16	O, Ö	Problemas, Aprendizado, Ensino, Iniciação
17	P, PH	Amor ao Próximo, Comprometimento Social
18	SCH, SH	
	TS, TZ	Incorreção, Doença, Perigo
19	Q	Harmonia, Alegria, Humor Positivo
20	R	Missão (Renascimento), Reencontro
21	S	Chances, Sucesso, Progresso
22	TH	Efeito Astral, Fantasia, Sonhos

* Em parte, tipologia transmitida, embora predominantemente elaborada e amplamente completada pela autora.

Fontes:

Reichstein, *Praktisches Lehrbuch der Kabbala*, Berlim, 1961.

Hoefler/Atti, *Reinkarnationsforschung mit dem Pendel*, 2ª edição, Durach, 1989.

Hoefler, *Namen — das ausgesprochene Geheimnis*, 2ª edição, Durach, 1989.

Chave para os números do alfabeto

A, Ä	1	A, Ä	1
B	2	B	2
G	3	C	11
D	4	D	4
E	5	E	5
U, Ü, V, W	6	F	17
Z	7	G	3
H, CH	8	H, CH	8
T	9	I, J	10
I, J, Y	10	K	11
C, K	11	L	12
L	12	M	13
M	13	N	14
N	14	O, Ö	16
X	15	P, PH	17
O, Ö	16	Q	19
F, P, PH	17	R	20
SCH, SH, TS, TZ	18	S	21
Q	19	SCH, SH	18
R	20	T	9
S	21	TH	22
TH	22	TS, TZ	18
		U, Ü, V, W	6
		X	15
		Y	10
		Z	7

CAPÍTULO 6

Toda Pessoa É nosso Mestre

O que criticamos nos outros é o que temos de curar em nós

O que é de fato inveja? Fico com inveja quando outra pessoa tem algo que eu não tenho! Alguém sabe fazer alguma coisa que eu não sei! Alguém ousa fazer alguma coisa que eu não me atrevo a fazer!

Alguém tem algo. Alguém pode algo. Alguém ousa fazer alguma coisa.

É assim que se fazem deuses.

É assim que damos aos outros o poder sobre nós.

É assim que nos tornamos escravos; falando de forma mais moderna: é assim que nós criticamos.

O que é a inveja senão uma tristeza disfarçada ou uma despedida das próprias possibilidades?

E quando se trata de crítica a determinadas características, a determinado comportamento? Será que em iguais circunstâncias não teríamos agido exatamente como a outra pessoa? Será que teríamos encerrado a fase pela qual ela está passando em menos tempo? Acaso não é o excesso que os outros têm do que nos falta o que nos perturba?

O QUE EU ACHO QUE OS OUTROS TÊM EM EXCESSO É O QUE EU TENHO DE MENOS

Toda crítica relativa a aspectos que nos parecem excessivos nos outros revela em que ponto somos vulneráveis, em que ponto ainda somos deficientes. Aceite simplesmente o que a outra pessoa tem ou faz; ela precisa disso por algum motivo qualquer. Se você estivesse na mesma situação ou numa situação semelhante, talvez também precisasse da mesma coisa. Então, pergunte a si mesmo: "Será que eu realmente preciso disso?"

Se o fato de alguém dirigir um carro caro perturba você, pergunte a si mesmo se não lhe estará faltando consciência; pergunte-se também se teria necessidade de um carro desse tipo, da mesma forma que o outro precisa dele.

Se o fato de alguém sair de férias cinco vezes por ano o deixa aborrecido, pergunte a si mesmo o que o seu lar significa para você — e o que o lar significa para esse alguém.

Em seguida, preste atenção exatamente ao ponto em que o outro *tem de menos*.

Por meio do que uma pessoa tem em excesso é possível concluir o que lhe faz falta. É sempre o oposto.

Trabalho demais — tempo livre de menos. Sexo demais — amor de menos. Festas demais — tranqüilidade de menos.

Analisando desse ponto de vista, você não fica muito satisfeito com a carência que imagina ter?

A pessoa diante de nós como espelho

Neste ínterim, todos conhecem esse jogo um tanto irritante de fazer indiretas com frases como estas: "O que ele queria me dizer?" Podemos com facilidade levar essa pergunta até as últimas conseqüências; podemos ver em cada "fada Morgana" uma mensagem do universo para nós. Isso torna fácil deixarmos de perceber a "verdade oculta" nas frases da pessoa que está à nossa frente (quer ela queira dizer algo ou não).

Todos estamos cercados de pessoas que, de alguma maneira, são mensageiras.

"O comportamento dos outros serve à minha experiência. O meu comportamento serve de experiência para eles. Eu vejo você e você me vê. Eu 'sinto' você e você me 'sente'. Eu observo suas atitudes e você observa as minhas. Mas eu não vejo o que você sente por mim, da mesma forma que você também não sabe o que sinto por você", escreveu o médico escocês, psiquiatra e psicólogo Ronald D. Laing.*

A experiência geral que fazemos será o nosso espelho, e o próximo será nosso espelho também. Ele nos diz:

O que eu amo nos outros, eu sou.

O que eu recuso nos outros, eu tenho.

Podemos fácil, surpreendente e rapidamente relevar nossos próprios "erros" na medida em que reconhecemos que os outros os cometem. Do mesmo modo, podemos aprender naturalmente a "amar" as nossas "fraquezas", porque nesse caso

---

* Laing, *Phänomenologie der Erfahrung*, edition suhrkamp, 10ª edição, 1979.

ficamos tão parecidos com o outro. Cito Laing outra vez: "Mas eu não vejo como você se sente a meu respeito, da mesma forma como você não sabe o que eu sinto em relação a você."

Houve uma ocasião em que eu me apaixonei por uma pessoa ao viajar no trem-bala: essa pessoa era muito parecida comigo. Tínhamos os mesmos pontos de vista, o mesmo gosto, as mesmas preferências e antipatias; o mesmo humor, as mesmas características e excentricidades e... cometíamos os mesmos "erros". E eu não me lancei de cabeça na apreciação das qualidades boas em primeiro lugar, mas comecei a aceitar os "erros". Nessa oportunidade cheguei a me perguntar, cuidadosamente, como se estivesse falando com um cachorro doente: "O que será que ele quer me dizer?"

Essa paixão me mostrou que eu amava nessa pessoa exatamente as características que eu ainda não havia aceitado totalmente em mim mesma. Finalmente, comecei a amar a mim mesma.

Essa pessoa foi o melhor espelho que já tive. Por isso nos encontramos; nunca nos tornamos um casal.

Quando é necessário para a nossa experiência, o nosso espelho se modifica. Trocamos de amigos, de emprego, de moradia e, depois de irmos durante vinte anos a Mallorca, talvez também mudemos o local de passar as férias. E com cada modificação nós evoluímos, chegamos mais perto de nós mesmos. Os espelhos só se tornam cegos, dizem as más línguas, quando são velhos.

Eu sou o que costumo não aceitar nos outros

O que é, na verdade, que tanto perturba você nos outros que você mesmo não faria ou que faria de outra forma? Seja muito honesto ao menos uma vez sobre você mesmo, responda com toda a tranqüilidade às perguntas a seguir. Você saberá que recusa, nos outros, aspectos de si mesmo e reconhecerá por quê. Terá a chance de elaborar experiências que talvez esteja reprimindo a fim de aceitar completamente a si mesmo.

Teste de personalidade

O que eu não aceito nos outros

Características em questão:

Por que rejeito esta característica nos outros?
Tenho alguma desvantagem por ter essa característica?
Eu mesmo já fui rejeitado?
O que o outro me lembra?
De quem o outro me faz lembrar?
O que eu faria se tivesse essa característica?
Será que tenho essa característica?
Gostaria de tê-la?
Acaso eu a teria se pudesse continuar incógnito?
Será que você agiria exatamente como o outro?
O que faria de outro modo?
Posso contar à outra pessoa o que eu rejeito nela?

Será que eu gostaria de fazer isso?
Por que não lhe digo o que me incomoda?
Como eu poderia modificar algo na outra pessoa?

Será que essa característica já foi minha?
Que desvantagens tive por causa dela?
Será que eu fui rejeitado por isso?
O que fiz que o outro faria de outro modo?
Será que me modifiquei por minha própria força?
Estarei com medo de me tornar reincidente?

Conheço mais alguém com essa característica?
De que tipo é o meu relacionamento com essa pessoa?
Quais as circunstâncias que me fazem encontrar esse tipo de pessoas?
Será possível evitar encontrá-las?
Poderei evitá-las no futuro?
Meu parceiro (minha parceira) rejeita essa característica?
De que tipo é o meu relacionamento com o parceiro(a)?

Acaso eu mesmo sou...?

Podemos aceitar ou modificar todo tipo de característica que reconhecemos em nós. Assim, aprofundamos o amor por nós mesmos e aumentamos a confiança em nós mesmos.

Deixaremos de criticar nos outros cada característica nossa que superamos ou chegamos a aceitar.

Você tem livre-arbítrio para resolver se aceita a si mesmo como é ou se quer se modificar.

Aquilo que eu não largar me mantera prisioneiro

Os relatos dos meus clientes sempre começam (quase todos) com "Outra vez..." Outra vez cedo ao mesmo tipo de pessoa. Outra vez o relacionamento acabou com brigas, pois esse fato se repete seguidamente.

Isso é assim mesmo e assim será: basta acreditar firmemente nisso!

Tantas pessoas criam para si mesmas essas situações repetitivas! Por meio da força dos pensamentos. Pelo fato de se apegarem mentalmente a experiências negativas do passado, pelo fato de não perdoarem a si mesmas ou aos outros.

Recebi no meu consultório um homem de meia-idade que se definiu como altruísta, carinhoso, atencioso e amoroso. Ele olhou para mim resignadamente e disse: "Eu não consigo entender, apesar de tudo isso, mas sou constantemente traído pelas mulheres." Eu perguntei se ele estava convencido disso. "Mas é claro que sim", ele disse "essa história sempre se repete." Perguntei-lhe se tinha medo que isso acontecesse no futuro, e outra vez ele confirmou que sim. Continuei insistindo: acaso não pode imaginar uma mulher que lhe seja fiel no futuro? Dessa vez ele negou. E então, ele entendeu. Ele sempre havia escolhido o tipo de mulher que correspondia às suas experiências (reconhecimento) e às suas convicções (nesse caso: expectativa de um comportamento negativo). E como ele, por causa dessas programações mentais, não conseguia imaginar a situação oposta, por assim dizer, seu raciocínio negativo era positivo.

O que nos une a outra pessoa baseia-se em pensamentos e emoções. Uma experiência negativa com essa pessoa, visto que não a perdoamos nem perdoamos a nós mesmos, nos liga negativamente a essa pessoa, ou seja, estamos negativamente presos às nossas emoções e pensamentos; nós vivemos com eles. Segundo a lei da ressonância, atraímos exatamente esse tipo de pessoa (sempre) para nossa vida, pois ela corresponde ao nosso modo de pensar e de sentir. É perfeito, não é verdade?

Não só por isso, mas também por isso, temos de perdoar as pessoas que nos magoaram; estaríamos fazendo a nós mesmos o maior dos favores. E, antes de tudo, temos de perdoar a nós mesmos. Pois fomos nós que programamos antecipadamente essa experiência em algum momento, por meio de convicções, preconceitos, desconfiança, medos, pensamentos...

Tudo, tudo o que se manifesta na nossa vida é resultado dos nossos pensamentos. O pensamento é o pressuposto para que algo possa acontecer, é o estofo de que são feitas as nossas experiências. Não diga nunca "Eu nunca pensei que...!" Você pensou. Em algum momento você pensou, acreditou que isso poderia acontecer.

Quando alguém quiser se separar de você, deixe que ele vá embora. Espiritualmente, ele já foi. Nesse caso, trata-se apenas do tempo necessário para a materialização do seu pensamento. Libere a pessoa, mas com amor. Isso se estiver interessado em sentir outra vez o amor.

Mas o que significa isso, no caso de experiências positivas? Se não nos desapegarmos, ficaremos com elas "para sempre"?

Nesta vida, somos viajantes. Nada que vemos é propriedade nossa. Nós observamos tudo e continuamos a viagem. Da mesma forma como não devemos manter o negativo, também não devemos contemplar o positivo como propriedade nossa. Não desapegar-se do positivo significa, para um viajante, ficar parado num lugar. Significa que ele não irá adiante.

Só a mudança é constante, disse Schopenhauer.

CAPÍTULO 7

A Oração Mágica

"Deus não abandona ninguém"

O que, afinal, torna a magia tão fascinante? Algo acontece diante dos nossos olhos — e, na verdade, não acontece diante dos nossos olhos —, algo que nos enche de espanto! Uma coisa se transforma em outra, objetos desaparecem e outros se multiplicam!

As crianças gostam dos mágicos. Elas são capazes de acreditar na magia. Confiam nela. Alegram-se e são agradecidas.

Os adultos querem fatos. Querem conhecer as leis que fazem algo acontecer. Querem manipular os fatos, ao passo que as crianças simplesmente deixam que eles aconteçam.

É nisso que está a magia da oração: no deixar acontecer. Na confiança, na fé, na alegria e na gratidão.

As crianças rezam:

"Bom Deus, faze com que..." E então elas dormem.

Os adultos oram:

"Bom Deus, faze com que aconteça... e com que aconteça da seguinte maneira..." E então custam bastante a adormecer.

A fronteira entre um encantamento e uma oração é tênue, diz o dicionário Brockhaus.

Naturalmente, pois nós temos um "encantamento" quando o aceitamos. (Se não fordes como as criancinhas...) Na verdade, só oramos de forma "correta" quando estamos dispostos a deixar os fatos acontecerem. Deus não é um "catálogo por correspondência" no qual podemos determinar o que nos deve ser enviado, caso em que a nossa "capacidade de escolha" faz uma diferença.

Também podemos muito bem rezar e fazer o pedido de um jeito que nos seja dado aquilo de que necessitamos. Existe uma oração, uma única, em que a "magia" da palavra foi levada para todas as línguas, uma oração que diz tudo o que podemos pedir, tanto que podemos nos concentrar nas palavras sem ter de esclarecer primeiro o que precisamos receber. ("Pois vosso Pai sabe o que necessitais antes de pedirdes", Mateus 6:8.)

Essa oração tão poderosa é o Pai-nosso.

Ela "funciona" por meio da palavra, e não é imprescindível saber como funciona. Mas talvez devamos saber como rezá-la da forma mais eficaz.

Quando compreendermos corretamente o Pai-nosso, quando rezarmos corretamente, sentiremos a magia dessa oração e talvez — tomara que sim! — sentiremos que só é possível rezar se o fizermos como as crianças! Como os filhos do "nosso Pai".

Não temos de ver *como* algo acontece; só temos de confiar *que algo* acontecerá, como faz uma criança.

Quando escrevi a afirmação "Deus não abandona ninguém", eu estava numa situação em que não via como a minha vida se desenrolaria, mas confiava em que ela progrediria.

Passei por situações que as crianças chamam de mágicas e às quais os adultos dariam o nome de milagres. E posso ter certeza de que, enquanto eu confiar, tudo será assim. Basta que eu deixe acontecer.

Pai-nosso — meu Pai, só meu?

Meu Deus, afinal qual é a forma das nossas orações? "Meu" Deus? "Meu" Pai? Por Deus, sim, é assim que rezamos. E é possível que nem tenhamos consciência disso.

Pedimos para nós, apenas para nós. Entre duas passagens da oração do Pai-nosso, sempre fazemos pedidos pessoais: "Pai-nosso, *eu* tenho os seguintes problemas... que estais no céu..." Nem por um segundo pensamos se o que pedimos está em harmonia com os desejos e as necessidades do nosso semelhante.

Pense no seu próximo como em si mesmo!

Jesus Cristo, de quem recebemos o Pai-nosso, disse certa vez: "Quem tiver ouvidos para ouvir, ouça." Nós nunca ouvimos com atenção. Apesar de todos os erros de tradução e de todos os erros de transmissão oral que podem ter ocorrido quando citamos as palavras de Cristo, podemos ter certeza de que estávamos falando do "nosso" Pai, de que estamos falando do "nosso" Pai.

Como se resolve isso numa grande família? Vou até o meu pai e lhe peço para me adiantar a minha mesada. Meu pai diz que não. Pergunto por quê. Meu pai diz que para poder atender ao meu pedido teria de reduzir a mesada dos meus irmãos. Respondo que isso me é indiferente.

Você pode se imaginar pensando dessa maneira?

É claro, quando rezamos o Pai-nosso é uma outra coisa, é algo bem diferente! Deus descobrirá um caminho para nós; o Pai faz isso para nós.

Mas Ele não faz.

Quando de fato rezamos "Meu Pai, pai somente meu", estamos falando como se fôssemos filhos únicos. E não somos um filho único com um pai que seja só nosso! Nosso pedido, é lógico, não será ouvido.

Contudo, não existe prece mais forte em todo o mundo do que o "nosso" Pai-nosso. Nenhuma oração do mundo contém tantas palavras mágicas, tanta energia de cura para todos os males que sofremos ou para os que nós mesmos criamos. Nós não precisamos fazer mais nada, a não ser concentrar-nos no que estamos rezando e nos aprofundarmos meditando nas palavras, entrando na protetora e benéfica vibração da palavra "nosso", no Pai-nosso.

CAPÍTULO 8

PENSAMENTO POSITIVO — O "MURPHYUM" DOS ESOTERISTAS?

NADA MUDA, SE NÃO MUDARMOS NADA!

Pensamentos são... O que eles são? Em todos os livros que contenham mesmo que seja uma leve aura de esoterismo lemos que pensamentos são forças. Ao que parece, esses livros têm o dever de revelar isso; portanto, você também poderá ler isto neste livro.

Mas, afinal, o que é uma força?

A Física define força como:

"Uma grandeza física direcionada, causa das alterações da forma de corpos inertes ou da aceleração de corpos móveis. Um corpo sobre o qual atuem forças permanece no estado da inércia (o princípio newtoniano da inércia). Da natureza do efeito recíproco segue-se que as forças só se manifestam aos pares. Os efeitos de dois corpos um sobre o outro são iguais ou voltados para direções opostas (Princípio da igualdade de efeito e contra-efeito)."*

---

* *Brockhaus Lexikon*, vol. 10, Brockhaus, Mannheim, 1986.

Portanto, se um pensamento é uma força, então o pensamento pode mudar, mover-se, alguma coisa; então ele tem em si uma *força criativa*. E sabemos que nada pode existir que antes não tenha sido pensado; nós sabemos que é o espírito que forma a matéria, que a move e pode modificá-la. Se não fosse assim, ficaríamos estagnados ou a situação em que nos encontramos passaria a um estado de inércia.

Vejamos algo sobre o efeito recíproco. Se pensamentos são forças e se as forças só surgem aos pares, como efeito e contra-efeito, é extremamente importante o modo *como* pensamos! Uma pressão (uma força exercida) só pode provocar uma pressão no sentido contrário. Seja como for, o positivo também só pode gerar o positivo.

É assim que age o pensamento.

É assim que age o pensamento positivo.

Em cada ser humano vive essa força criativa. Nós só temos de usá-la. De forma correta. Com consciência.

Penso — logo estou em perigo

Neste nosso mundo de polaridades, portanto, no plano material, existem os opostos que se atraem. Isso não acontece no plano espiritual: nesse plano as semelhanças se atraem. Como o nosso pensamento é de natureza espiritual, cada pensamento sempre "chama" o seu equivalente.

Desconsiderando-se o fato de que o ser humano nem sempre sabe o que pensa (o que nos leva a pensar bastante nesse fato), ele também não pensa o tempo todo de forma positiva. E o pensamento como força de criação provoca, por exemplo, o fato de os "meus piores receios se concretizarem": "Eu logo vi que não conseguiria o emprego", ou "Eu sempre atraio esse tipo de pessoas!"

Portanto, pensar é um perigo. Trata-se de uma atividade mental, trata-se de ação — e, portanto, de karma.

A filósofa francesa Simone Weill afirmou o seguinte: "O mal só é superado pelo sofrimento."

Mas como nada pode existir que antes não tenha sido pensado, temos de mudar nossos pensamentos tornando-os mais conscientes. É claro que os pensamentos destrutivos acarretam o "mal", e é claro que isso traz "sofrimento" para a nossa vida. Mas o que estamos esperando, ao esperar fatos positivos dos pensamentos positivos?

MURPHY SIGNIFICA PENSAMENTO POSITIVO — "MURPHYUM" SIGNIFICA PENSAR NUM CAMINHO

O teólogo, naturalista, autor e excelente advogado do pensamento positivo, Dr. Joseph Murphy, falecido em 1981, ensinou as pessoas a reconhecer e a usar as ajudas vitais contidas na Bíblia e no Sermão da Montanha.

No entanto, os que pensaram que se tratava de palavras mágicas destinadas a eliminar os problemas, praticam o murmurar positivo, mas não o pensamento positivo. Foi por isso que seus problemas ficaram ainda mais graves.

Todo problema é uma dor. E a dor, como Arthur Janov escreveu no seu livro em 1976, *Revolution der Psyche*, é parte integrante do medo. Este, nós sabemos, é alimento para as células, gerando um medo ainda maior, uma dor mais intensa — problemas mais graves.

Mas a dor também é um sinal, uma mensagem. Imaginemos que cada dor, ou seja, cada problema, seja algo como um "Correio do Cosmos". Normalmente, pegamos nossa correspondência, nós a analisamos, nós a relemos quando necessário — e está acabado. Mas também podemos nos recusar a aceitá-la; então, qualquer dia, ela volta em outro malote. Assim potencializamos nossos problemas e nos acostumamos aos pensamentos negativos — mas o que pensar de uma vida que nos traz tanto aborrecimento?! E assim — como se tivesse sido chamada — chega a experiência negativa seguinte. Meu Deus, como nosso karma é ruim!

Nós só costumamos ter medo das coisas que não conhecemos. A dor como parte integrante do medo só pode ser superada pelo confronto. Não é deixando-se de dar-lhe atenção, mas enfrentando-a que se consegue vencê-la. Só então podemos captar o sinal enviado pela dor — pelos nossos problemas. Só então podemos entender a mensagem — e pensar com clareza.

E então o encantamento "Murphy" pode acontecer.

Mas quem não quer analisar seus problemas, quem não quer resolvê-los pessoalmente usará o pensamento positivo como uma droga inibidora da consciência — como um entorpecente, como morfina.

Como o efeito da morfina demonstra paralelos surpreendentes com o pensamento positivo *irrefletido*, damos aqui uma pequena explicação:

O hormônio principal do ópio, chamado morfina ou *morfium*, é ministrado no caso de dores muito fortes e provoca o entorpecimento da consciência da dor, ao passo que a percepção de todos os outros sentidos continua intata. A dor continua sendo sentida, mas não é considerada real; ela não representa mais um sofrimento. A morfina tem atuação tranqüilizante; muitas vezes ela causa até mesmo euforia. O uso constante a longo prazo, na maioria das vezes acompanhado do aumento da dose, cria dependência ou até mesmo o vício.*

"Fingir" que o problema não existe não é a solução

Neste caso, embotar a consciência do sofrimento equivale a embotar a consciência do problema. Imaginar que o problema não existe pode agravá-lo, sem que "dolorosamente" nos sintamos na obrigação de reagir a esse problema. É possível que não tomemos mais conhecimento da oportunidade de resolver o problema. Uma mensagem do cosmos? É melhor não ler! O que fazer com ela? Jogá-la na lata do lixo chamada subconsciente até transbordar? É isso o que, certo dia, o subconsciente faz inevitavelmente.

Tudo o que reprimimos acaba por extravasar em alguma ocasião, para ser integrado à consciência. Diz-se que esse material se "somatiza", que ele se expressa no exterior, que se torna visível como doença. A doença como caminho? Sim, como um caminho de volta à saúde.

* Como funciona isso? Medicamentos/venenos/drogas, redação de Ciências Naturais e Medicina no *Bibliographischen Instituts Mannheim* [Instituto Bibliográfico Mannheim], Meyers Lexikonverlag, Mannheim, 1972.

O pensamento positivo não foi imaginado como uma droga contra o "sofrimento" de assumir responsabilidade por si mesmo. Pensamento positivo significa querer viver! Penso — logo existo.

O PENSAMENTO POSITIVO NÃO SUBSTITUI SIMPLESMENTE O ATO DE PENSAR

O pensamento positivo não pode funcionar quando não damos a devida atenção à realidade. Nossa razão não nos "compreende" e bloqueia os pensamentos. Com uma pequena dose de sensibilidade, também podemos nos conscientizar disso, como uma dúvida.

Ninguém pode se endividar, largar o trabalho e afirmar com toda a seriedade: "O Senhor é o meu Pastor e nada me faltará." Nenhum banco aceitará essa afirmativa.

O pensamento positivo não exclui o pensamento lógico.

O pensamento positivo não é substituto para uma ação positiva!

A simbiose de pensamento lógico e ação positiva será positiva em todos os casos.

SEJA FEITA A SUA VONTADE — GRAÇAS A DEUS!

Podemos ter certeza de que o pensamento positivo funciona. Ele atuará na dose certa e na hora certa. Isso não significa que esses dois fatores não caiam no âmbito da nossa capacidade de julgamento. Também pode acontecer que surja algo que é melhor para nós do que aquilo que pensamos (podemos pensar), ou melhor, para alguém que é controlado pelos desejos. É exatamente isso o que vai acontecer, e não outra coisa qualquer. Talvez nem mesmo percebamos a diferença, desligados, como muitas vezes costumamos estar.

Mas quando queremos de fato nos ligar por princípio com o lado positivo dos acontecimentos, quando conscientemente deixamos que a vontade Dele se cumpra, então também estaremos pensando positivo, mesmo que *não* tenhamos problemas ou talvez porque não temos nenhum problema. Pois o modo positivo de pensar é manifestar gratidão pelo que temos. O fato de sermos gratos nos favorece, dando-nos aquilo de que necessitamos.

CAPÍTULO 9

"HOMEOPATIA MENTAL" — PENSAMENTOS QUE CURAM

O PENSAMENTO SALUTAR DA HOMEOPATIA

O criador da homeopatia, Samuel Hahnemann (1755-1843), reconheceu: "O semelhante cura o semelhante." Seu axioma terapêutico diz: "Escolha, para curar de forma suave, rápida, consciente e duradoura, um remédio que possa causar um mal semelhante àquele que terá de curar."*

Como, em geral, lidamos com um problema? Não é verdade que sempre buscamos uma solução que esteja exatamente em oposição ao conteúdo do nosso problema? Nós economizamos quando gastamos dinheiro demais. Nós fazemos jejum quando comemos em demasia. Sempre que caímos dessa maneira, de um extremo ao outro, podemos ter uma solução. Mas só uma solução passageira. Pois ela não é suave, rápida, consciente ou duradoura.

Todo problema já traz em si mesmo a solução. O que nos levou a cair em determinada situação é exatamente aquilo que

* Schwarz, *Heilung durch Homöopathie*, Zweitausendeins, Frankfurt, 1986.

nos pode tirar dela! O "Bem" e o "Mal" são, afinal, dois lados de uma mesma moeda. O veneno pode matar, o contraveneno (antídoto) pode curar. O veneno é bom ou mau? O semelhante cura o semelhante.

Uma característica da terapia homeopática é o efeito "da piora inicial da doença": os sintomas ficam piores mas, subjetivamente, o paciente se sente melhor. A piora inicial é um sinal de que o remédio está ajudando. Nesse estágio, o paciente se vê mais uma vez — e de forma mais forte — às voltas com a própria doença e acaba aceitando-a! E ele sente que agora conseguirá a cura.

Assim funciona a "Homeopatia Mental"

Todo problema que queremos solucionar definitivamente deve primeiro ser aceito como tal. Não podemos "fingir" que ele não existe. Temos de pensar e repensar nele, mesmo que no início seja doloroso. Trata-se de pensamentos que curam.

A "Homeopatia Mental" como a chamei, por se basear em "semelhanças", pode nos ajudar a resolver todo tipo de problemas: suavemente, depressa, conscientemente e de forma duradoura. Basta que encontremos um remédio que provoque um problema semelhante ao que queremos resolver...

Como exemplo, tomemos um problema que aflige a maioria das pessoas: as dívidas (de dinheiro).

Você resolve seus problemas financeiros com a "Homeopatia Mental"

SUAVEMENTE

Parte integrante de um sofrimento, de um problema, é o medo. O medo torna o problema maior do que é.

Quando se trata de preocupações financeiras, você terá medo de gastar dinheiro. Mas assim você desenvolve um pensamento de carência e se liga mentalmente com energias que criarão mais carência.

Lembre-se de quando você aprendeu a nadar? Você sabe que não "se afoga" se ficar calmo e consciente dos seus movimentos, se não ficar com medo de continuar nadando. Exatamente como você sabe hoje que sabe nadar (mesmo que ainda não tenha aprendido a nadar, tenha a certeza de que poderá fazê-lo), esteja certo de que não só se "manterá à tona" financeiramente, como poderá se livrar das dificuldades nadando.

Gaste o seu dinheiro conscientemente

Pense no dinheiro como numa energia que tem de fluir livremente, para que não haja uma estagnação. Sem dúvida, haveria menos pobreza no mundo atual se algumas pessoas medrosas não ficassem dormindo sobre seus cofrinhos de economia. Na medida em que você — com consciência e sem medo — gastar dinheiro, essa energia entra na circulação energética — e voltará — essa é uma lei natural — para você! E será muito mais dinheiro do que o que você gastou: gastar dinheiro significa que esse dinheiro cumpre diversas funções e, portanto, que ele trabalha. Durante determinado tempo, o dinheiro fica à disposição de uma determinada pessoa, servindo para diferentes razões e investimentos — é o seu dinheiro!

No momento em que você gasta dinheiro mantendo um controle ajuizado, você se transforma num banco. E terá o seu dinheiro de volta com juros!

É por essa razão que certas pessoas ficam cada vez mais ricas. E é por isso que os bancos emprestam dinheiro aos clientes.

A piora inicial

Se só tiver cinqüenta reais para passar os oito últimos dias do mês, e desses cinqüenta, gastar vinte, é claro que surgirão complicações. Para você entender melhor: você terá de se ocupar mais com o seu problema — terá de entender que ele existe. Você cuidará dele de modo mais consciente, e será mais consciente e grato, além de cuidadoso com o resto do seu capital. Confiando na "cura" da situação, subjetivamente você já se sente melhor. E a piora inicial está prestes a se tornar, para você, o início da melhora.

RAPIDAMENTE

Quando as trevas chegam ao seu ponto máximo, está prestes a raiar o dia. Ao atingir o auge, toda situação se transforma no seu oposto.

A piora inicial leva perceptivelmente o seu problema ao ponto mais crítico — acelerando desse modo o processo de retorno, de "cura". Há um ditado que diz: "Quanto maior a nossa necessidade, mais perto estaremos de Deus."

CONSCIENTEMENTE

Enquanto um problema não for entendido, ele não tem solução. Por meio da "piora inicial" você é obrigado a lidar mais intensamente com o seu problema, tem de prestar mais atenção, tem de aceitá-lo. Mesmo que se trate de gastar dinheiro. Assim você cumpre as exigências necessárias para poder transformar a situação. Você se liga mentalmente com a solução que já está contida no problema. Segundo a lei da ressonância, você atrairá pessoas e acontecimentos que farão com que você transforme a falta de dinheiro numa situação financeira "saudável".

DURADOURAMENTE

Honoré de Balzac disse certa vez: "As pessoas gastam o dinheiro que não têm para comprar coisas de que não precisam a fim de impressionar gente que não apreciam."

Tudo o que for excesso representa uma compensação para uma sensação de inferioridade, de carência; e todo exagero provém da insegurança.

A pessoa só gasta "demais" quando tem "de menos" (seja lá do que for), ou quando acredita nisso — é bastante esclarecedor observar no que se gasta o dinheiro. Portanto, é sempre a sensação de falta que gera a carência das coisas.

A piora inicial permite que reconheçamos qual é a nossa suposta carência; ela revela aos "pacientes" o que é essencial. Por meio dessa primeira piora, todo exagero, todo excesso se torna desnecessário. O problema será solucionado de forma duradoura: não precisamos mais dele.

Deixar de agir significa deixar de tratar

A pessoa do tipo que "enterra a cabeça na areia" acaba tendo de "ranger os dentes" depois. Quando se deixa extratos de banco, contas e avisos sem abrir, quando eles não recebem a necessária atenção, e quando, além disso, a pessoa depende de empréstimos, ela logo chegará novamente "ao ponto nevrálgico" da questão.

O problema que você nega não pode ser resolvido. Se você não aceitar a existência do problema, também não poderá atenuá-lo, solucioná-lo. Nada se modificará na situação, se você não fizer essa mudança.

Desconhecer a origem de um problema significa desconhecer as suas conseqüências

A solução "homeopática" serve para se tomar consciência de um problema. Se você vive gastando dinheiro sem se preocupar com o motivo real da falta de dinheiro, você está apenas querendo conseguir a cura "alopática" da situação; as dores desaparecem, os motivos do problema ficam.

Nesse inter-relacionamento, é digno de nota o fato de desejarmos sempre à pessoa doente "boas melhoras" (sem falar na tolice dialética desse desejo), porém nunca desejamos "saúde" ou "cura".

Ninguém se cura só de olhar para os remédios

É claro que uma vela queima. Mas, primeiro é preciso atear-lhe fogo. Quem esperar que a "Homeopatia Mental" funcione só pelo fato de ela existir, comprovará — se não a usar, limitando-se a ficar olhando para os remédios nas prateleiras de uma farmácia — que não irá se curar de seu surto de gripe.

CAPÍTULO 10

As Leis Simbólicas do Karma

Causa e efeito: A causa primordial é a serpente

Segundo a mitologia cristã, a causa primordial é o diabo. Para os gnósticos, a serpente que morde a própria cauda era o símbolo do universo com seus contínuos ciclos.* Os maçons adotaram a serpente como o símbolo da eterna troca entre "passar a ser" e "deixar de ser", pois a forma circular é sinônimo de fluxo de matéria e energia.** A eternidade se manifesta na sabedoria, no conhecimento do bem *e* do mal.

A causa da infelicidade de Adão e Eva foi o seu desejo de obter conhecimento. Quando ambos comeram do fruto proibido da Árvore do Conhecimento, eles foram expulsos do paraíso. (Paraíso = dia = quando o "dia" ainda não se

---

* Bauer/Dümotz/Golowin, *Lexikon der Symbole*, Fourier; Wiesbaden, 1982.

** Lennhoff/Posner, *Internationales Freimaurerlexikon*, Amalthea, Viena/-Munique, o. J.

diferenciava da noite, na polaridade dia e noite = não se diferenciava em "bem" e "mal".)

Desde então os homens (Adão em hebraico significa homem/terra; Eva = a vida) não viveram mais no Paraíso Terrestre, mas no mundo real. Num mundo repleto de Adões, Evas e cheio de serpentes.

A causa primordial foi o desejo de saber.

O efeito foi o caminho para o conhecimento...

E o homem não foi "condenado" ao conhecimento. Esse, ele mesmo decidiu obter. Eva saiu de Adão. Traduzindo-se: A vida (= Eva) veio de Adão (= ser humano/terra). A decisão de Adão e Eva contra a proibição de Deus foi uma decisão que afetou-lhes a vida como seres humanos.

Até que ponto a serpente do Gênesis é católica?

Que Deus tenha "amaldiçoado" a serpente, como a Igreja Católica apregoa em sua tradição de fé como conseqüência do pecado original, não pode harmonizar-se com um Deus de sabedoria e de amor — como a mesma Igreja diz que Ele é. Menos ainda porque, segundo os católicos, blasfemar é considerado "pecado", visto que se trata de uma imoralidade diante de Deus. (Como foi simpático e humano o fato de Jesus esbravejar no Templo, embora não blasfemasse contra Deus, é evidente.) Seja como for, a doutrina católica ao menos não condenou o fato como blasfêmia.

Também o fato de Deus ter condenado a serpente (uma criatura que Ele ama) a daí em diante rastejar sobre a barriga (= sobre a terra...), diante do fato de que uma cobra não tem nem braços nem pernas é algo tão sábio e eficaz quanto "castigar" um cego com a afirmação de que daí em diante ele não pode mais enxergar.

Tomemos outra vez a serpente como símbolo e interpretemos:

Que Deus criou a serpente como símbolo da troca eterna entre vir-a-ser e deixar de ser. Pois enquanto somos seres humanos sobre a terra, vivemos com o conhecimento (imperfeito) do bem e do mal, buscando como saber distinguir um do outro (conhecimento perfeito).

A ESSÊNCIA DA "TENTAÇÃO"

Lei é lei. Não podemos barganhar com Deus. Podemos e devemos agir. Ou então, não agir.

Também para isso a serpente pode ser um símbolo:

A serpente é surda. No famoso encantamento das serpentes, ela não reage aos sons da flauta (hoje associada às promessas dúbias e às desculpas no uso da língua), mas aos movimentos da pessoa que toca: portanto, à sua ação. Karma significa "agir". Não podemos nos desculpar por termos feito algo ou por termos deixado de fazê-lo.

E aí vamos nós outra vez. Com o nosso "karma". Com a serpente que (como representante) nos dá outra chance de prestar atenção à proibição, e de obedecer:

"Inimizade quero provocar entre você e a mulher", disse Deus à serpente. Portanto, inimizade entre a vida (Eva) e o conhecimento do bem e do mal (serpente). Portanto, uma tentação para toda a vida. A não ser que amemos os nossos inimigos.

"Ela pisará sobre a sua cabeça, e você seguirá nos seus calcanhares." Não podemos eliminar o bem e o mal, não podemos "fugir" à tentação, às provações. Em alguma ocasião teremos diante de nós causa e efeito. A ligação com o passado. *Religio*. A chance da nossa vida!

Bem e mal. A picada de uma serpente pode ser curada com seu próprio veneno, que também pode matar.

Estamos sempre correndo o risco de cair na tentação do proibido. Sempre temos a chance de converter a serpente... como Deus ensinou a Moisés...

A unidade da serpente e do bastão

"Mas o Senhor falou assim com ele: — O que tens na mão? — Um bastão. — O Senhor disse: Jogue-o no chão! E Moisés o jogou no chão. O bastão se transformou numa serpente e Moisés fugiu dela" (Êxodo 4: 2-4, 3).

E então surgiu o paradigma:

O Senhor pediu que Moisés "pegasse a serpente pela cauda" — e, vejam, eis que a serpente se transformou outra vez num bastão!

Eis a lição contida nisso:

Quando temos medo de alguma coisa, de uma tentação, de uma prova, não devemos fugir, mas enfrentar (pegando o problema pela cauda, como a voz popular diz até hoje); devemos "segurar" o objeto do nosso medo e, de fato, pela extremidade — no intuito de que a "nossa" serpente se enrodilhe e, como se costuma dizer, "morda a própria cauda", deixando de ser perigosa para nós. Por meio do destemor, por meio da confiança podemos "dominar qualquer situação": quando amarramos o fim com o começo, quando reconhecemos onde está a causa, podemos resolver a questão.

Quando curvamos um bastão, obtemos uma "serpente". E se esticarmos essa serpente, temos outra vez um bastão nas mãos.

Está em nosso poder o que fazer com ele.

O caduceu de Esculápio

O instrumento de Esculápio (Esculápio = deus grego da cura) era o caduceu. Um bastão em que se enrodilhava uma serpente. Mais tarde ele se tornou o símbolo da medicina e até hoje é o símbolo dos médicos.

Serpente e bastão.

O símbolo da polaridade.

Reta e curva.

Saúde e doença.

Vida e morte; vir a ser e deixar de ser.

O caduceu de Moisés

Então o Senhor disse a Moisés: "Faze uma serpente e coloca-a sobre uma haste. Aquele que for mordido e olhar para ela, viverá" (Números, 21,8). E assim aconteceu: quando Moisés libertou o povo judeu e o levou para a Palestina, aconteceram muitas curas dessa maneira: o caduceu foi venerado posteriormente pelos judeus como um objeto de culto.

Segundo a tradição, Moisés, que era um mago, usava um caduceu de ferro para fazer operações mágicas; também fez uso dele para tirar água das rochas.

Voltamos sempre a ver Moisés associado com a serpente e o bastão.

Algumas pessoas dizem que Moisés é filho de Termuti, a irmã de Ramsés II, cujo nome foi escolhido em honra a uma víbora sagrada da deusa Ísis. Moisés era sacerdote de Osíris, irmão e esposo de Ísis — o que explica por que o caduceu se tornou objeto do culto de um sumo sacerdote de Osíris.

Outros, por sua vez, acreditam que Moisés seja da estirpe dos levitas, uma casta de sacerdotes israelitas ligada ao culto da serpente.

Ambas essas teorias têm alguns pontos a favor. No entanto, é fato digno de atenção que toda a vida e os atos de Moisés estão imbuídos de caráter simbólico.

A SERPENTE ENCARNA AS LEIS

Foi a Moisés que Deus deu a tábua com os dez mandamentos. E, significativamente, isso aconteceu no Monte Sinai, onde Osíris, filho de Seb (Saturno) e Neith = a "matéria inicial primordial e o espaço infinito"*, nasceu.

Acaso não podemos reconhecer aqui também uma alegoria de que para a vida no tempo e no espaço foram criadas leis

* Miers, *Lexikon des Geheimwissens*, Goldmann, Munique, 1980.

que se destinam diretamente a nossa alma; portanto, destinam-se à consciência, a um conhecimento que talvez seja genético, destinado ao nosso conhecimento espiritual, com o qual tomamos as decisões para o bem ou para o mal?

Não é por acaso que, quando estamos indecisos quanto aos prós e contras de uma causa, traçamos um ponto de interrogação — semelhante a uma serpente.

?

E quando dizemos sim ou não a algo, então acrescentamos um ponto de exclamação — semelhante a um bastão:

!

Assim o caduceu simboliza também a união de pergunta e resposta no nosso interior:

§

Com isso, também compreendemos por que cada problema já contém em si mesmo a solução. Apenas temos de perguntar pelo modo como resolver: perguntar a nós mesmos.

E podemos "imaginar por imagens" para onde nos levam as decisões: o ponto, abaixo do ponto de interrogação e do ponto de exclamação, nos diz. Pois o ponto é o início de tudo. Dele surge uma linha, como um bastão, ou também um círculo, como uma serpente mordendo a própria cauda...

Hoje, todas as leis que o homem criou são introduzidas por um sinal de parágrafo. A palavra provém do grego e significa: "O que está escrito ao lado." Precursor deste símbolo foi para os gregos o reconhecimento de trechos importantes de escrituras isoladas. E a aparência era esta:

┌

Aqui se ligam duas linhas retas = 2 bastões!

| |

E eis o sinal para parágrafo:

§

As curvas entrelaçadas correspondem à serpente do caduceu de Esculápio e de Moisés.

É assim que quer, por certo, uma lei superior.

Ainda poderíamos nos satisfazer com os 10 mandamentos se não os tivéssemos atropelado permanentemente com nossas perguntas perigosamente curiosas.

Eugen Drewermann diz que "se trata de um conhecimento básico psicológico: um mandamento tem de ser criado quando aumenta a tendência de infringi-lo."*

Mas quantos parágrafos temos hoje!

---

* Drewermann, *Strukturen des Bösen*, vol. 1, *Die jahwistische Urgeschichte in exegetischer Sicht*, Schöningh, Paderborn, edição especial, 1988.

A lei essencial dizia: confie em mim!

Amar é confiar. O amor não questiona.

O NÃO-CUMPRIMENTO DOS 10 MANDAMENTOS

Você não deve fazer isso! Por que não?

Você não deve fazer perguntas!

A atração do proibido só aparece quando se questiona o proibido. E a serpente "amaldiçoada", com sua língua viperina, sabia disso muito bem!

Por meio de sua pergunta a Eva, por que era proibido comer o fruto da Árvore do Conhecimento, dessa árvore, o querer saber tornou interessante o proibido. Sim, graças à pergunta abriu-se uma perspectiva inteiramente nova; mais precisamente, a possibilidade de poder agir contra a proibição.

A proibição estava relacionada com o fato de não se conseguir saber por que uma proibição é uma proibição. E dizia respeito simultaneamente a poder confiar que a proibição tinha um sentido. Nisso consistia a prova. Nisso também havia precaução.

Quando dizemos a uma criança para ela não colocar a mão sobre a chapa quente do fogão, ela perguntará: Por quê? Se explicarmos que ela queimará a mão, ela imediatamente colocará a mão sobre a chapa quente a fim de comprovar a nossa afirmação, pois falta-lhe a experiência de que ela precisa para que entenda a nossa explicação. (O que é isso: queimar?)

Esse também é o motivo pelo qual uma proibição que esteja associada a determinado perigo torna a infração da proibição atraente, uma "experiência" válida. Assim lançamos a semente do medo e com isso, da insegurança; esta leva à atitude falha, pois a combinação do querer experimentar e do medo reduz drasticamente qualquer possibilidade de sucesso.

Pensamentos são alimento para a célula; sim, por meio de nosso pensamento formam-se células no corpo, o que explica por que as células reagem às imagens, pois pensar é um processo visual. Assim, por exemplo, a imagem mental "Espero não ficar com câncer!" é para as células, que não conseguem imaginar nada que se inclua sob o "não", uma ordem de aumentar a produção de células cancerígenas. (Toda pessoa tem células cancerígenas em si, mas em geral é imune às mesmas.) Com a imagem mental, no entanto, é lançada uma semente de medo, as forças de defesa enfraquecem, a doença pode se manifestar.

Os 10 mandamentos são amigos que nos ajudam, orientam, advertem ou aconselham. Eles nos dizem o que fazer e o que não fazer. Mas não nos dizem por que fazer.

É nisso que está a providência.

Enquanto não quisermos saber por que, seguiremos um mandamento ou uma proibição e estaremos fora de perigo. Se começamos a questionar, surgem imagens mentais que são alimento para nossas células... e assim o "Você *não* deve fazer isto!" se transforma em "Você deve!" Pois as células não sabem o que significa o "não".

Podemos confiar nos nossos amigos, nos 10 mandamentos, sem fazer perguntas. Devemos fazer isso pois, caso contrário, estaremos adotando o NÃO.

2 Serpentes — A Lei de Toda a Vida

O "parágrafo" para a vida, a regularidade da vida se mostra através do DNA, o portador da informação genética. É representado por uma espiral dupla (do grego *speira*, "curva"), a hélice dupla:

Representação simplificada da hélice dupla

Assim como não estamos em condições de decifrar o código genético do ser humano em todos os seus detalhes isolados — isso encheria mais ou menos um milhão de páginas,* da mesma forma não é possível entender com todas as suas particularidades os "Parágrafos de Deus" — Graças a Deus!

Talvez nos baste saber que o número de *tripletts* que controlam os aminoácidos do DNA e, portanto, controlam o cumprimento das leis energéticas de toda a vida que existe é 64.** A soma transversal de 64 é 10.

(Acontece que este livro também contém 10 capítulos, e todos sabem que eu não sou insensível ao "acaso". Ambrose

* Herbig, *Die Gen-Ingenieure*, Hanser, 1978.

** Hoefler, *I Ging Ratgeber*, Windpferd, Haldenwang, 1987.

Bierce definiu o acaso como "um acontecimento inevitável que se baseia em leis naturais imutáveis").*

Cumpre os meus mandamentos e viverás (Prov. 4:4).

Mas em nenhum lugar se vê escrito: entende os meus mandamentos!

Cumpra-os. Essa é toda a lei.

Este é o pressuposto para podermos viver na ordem divina. Ou seja, viver conforme o direito, a honestidade, com saúde, alegria e amor.

Os 10 mandamentos são a nossa chave para uma vida "correta".

Sabe Deus por quê. E basta.

A serpente. A lei. A vida. O karma. A chance da vida. Quando pensamos, devemos pensar sempre em tudo o que vive e, portanto, também no nosso semelhante. Nós transformamos a serpente num bastão, cada provação numa oportunidade. Vamos fazer exatamente isso!

---

* Bierce, *Aus dem Wörterbuch des Teufels*, Insel, Frankfurt, 1966.

Posfácio

Idéia central

Quase todos os capítulos deste livro são encabeçados por uma frase diretriz: já transmiti muitas dessas frases às pessoas que cruzaram o meu caminho e sempre tornou-se a repetir a experiência de que elas integraram com um sucesso extraordinário essas frases à sua vida. Eu quero que também você possa transformar a sua vida por meio de uma dessas idéias centrais, transformando-as numa chance. Eu ficaria muito contente se você escrevesse para mim contando a sua experiência.

Angelika Hoefler
Colônia, junho de 1990

- A vontade do ser humano é o seu tesouro na Terra
- Dê uma oportunidade aos homens
- Dê uma oportunidade ao dia

- Como corrigir os erros do dia
- Quem quiser ouvir, terá de sentir
- Toda provação é uma vantagem
- Como superar toda desvantagem
- Quem quer dar, também tem de saber receber
- Minha vida vai bem, obrigado
- Ajude-se e, com certeza, Deus o ajudará
- Só me sinto mal na medida em que acho bom sentir-me mal
- Reconheça as suas vantagens pessoais
- Toda pessoa é nosso mestre
- O que criticamos nos outros é o que temos de curar em nós
- O que eu acho que os outros têm em excesso é o que eu tenho de menos
- Aquilo que eu não largar me manterá prisioneiro
- "Deus não abandona ninguém"
- Nada muda, se não modificarmos nada!
- "Fingir" que o problema não existe não é a solução
- Desconhecer a origem de um problema significa desconhecer as suas conseqüências

O HÁBITO DA ORAÇÃO E A LEI DO KARMA

Alvin Boyd Kuhn, Ph. D.

Analisando a oração de acordo com sua definição mais comum de "pedido de coisas boas a um poder cósmico concebido como doador dos bens que o homem deseja" e ligando a motivação psicológica da oração à infância da humanidade, ou do homem, o autor defende, neste pequeno livro, a necessidade de uma evolução da alma individual no sentido de superar esse estágio, que ele qualifica de "religiosidade ingênua".

Aliás, para os que têm Deus como uma atividade poderosa que está dentro de nossa própria alma, e não como um poder que está fora de nós e ao qual podemos recorrer em todas as contingências de pressão ou de dificuldade, o ponto de vista do autor em relação à oração não pode ser mais razoável.

Depois de estabelecer claramente a distinção entre a "oração da boca para fora" e a "oração vivida na ação", Alvin Boyd Kuhn analisa ainda o conflito entre as pretensões da prece e a ordem da lei cósmica, entre o hábito religioso da oração e o princípio kármico da justiça — a grande lei da compensação e do equilíbrio anunciada nas grandes Escrituras do mundo.

EDITORA PENSAMENTO

ATRAVÉS DOS PORTAIS DA MORTE

Dion Fortune

No centro da Grande Pirâmide de Gizé há um ataúde de pedra vazio: o altar da Câmara de Iniciação. Nele deitava-se o adepto, enquanto sua alma era enviada na jornada da morte, para ser recuperada depois. A partir desse cerimonial — que constituía o grau supremo de iniciação nos Grandes Mistérios — o adepto superava qualquer medo da morte, que passava a ser encarada como o início de uma nova fase da sua existência.

É o conhecimento guardado nos Grandes Mistérios que este livro se propõe a revelar.

Segundo a autora, "seria bom que fôssemos ensinados, desde a infância, a pensar na vida como um sobe-e-desce semelhante ao de um barco que se ache na crista de uma onda. Ora descendo até a matéria pela porta do nascimento, ora tornando a ascender ao mundo invisível pelos portais da morte para, de vez em quando, voltar a afastar-se novamente ao ritmo cíclico do fluxo da vida em evolução".

EDITORA PENSAMENTO

Os Cátaros e a Reencarnação

Arthur Guirdham

"Este livro constitui, sem dúvida, um dos mais notáveis e controvertidos documentos já escritos sobre o assunto."

Colin Wilson

Este é um registro de fatos sobre uma mulher que, através de sonhos e de impressões e visões que teve em estado de vigília, lembra-se de sua vida no século XIII. Como história de reencarnação, é uma narrativa sem paralelo porque, lendo-a, não ficamos na dependência da honestidade nem do poder de sugestão da pessoa que nos fornece as evidências. O que ela diz pode ser provado.

O autor – Arthur Guirdham – é médico psiquiatra, treinado para distinguir entre a fantasia e a realidade e dotado de uma natureza cética. Ao investigar este caso, não o fez como psiquiatra, limitando-se a agir como um historiador não-profissional para verificar a veracidade das declarações da paciente valendo-se de consultas a historiadores e autoridades de reputação internacional sobre o assunto.

A paciente cuja história é narrada neste livro viveu no Sul da França e era adepta da doutrina dos cátaros, seita religiosa cujos seguidores foram dizimados pela Cruzada dos Albigenses no início do século XIII. Quando ainda estudante, na sua atual encarnação, teve o cuidado de registrar em seus cadernos escolares fatos sobre o catarismo que ainda eram desconhecidos dos especialistas. Ela também pôde localizar com precisão, em sua família e nos seus relacionamentos sociais, pessoas sem nenhuma importância histórica, que não aparecem nas obras de referência, mas que puderam ser identificadas mediante consulta aos registros secretos da Inquisição.

O autor iniciou suas pesquisas conhecendo apenas o nome de batismo da personagem principal. Ele localizou com precisão o dia exato, há mais de setecentos anos, em que ela compareceu perante a Inquisição. Descobriu também o nome das famílias e das pessoas de seu círculo de relações nessa época.

De Arthur Guirdham a Editora Pensamento já publicou *Entre dois Mundos*.

EDITORA PENSAMENTO

OS CICLOS DA REENCARNAÇÃO

Mona Rolfe

No mundo em que vivemos, cada indivíduo tem um lugar próprio a ocupar. O malogro pode ser evitado na medida em que a personalidade aceite ser guiada pela alma, pois cada vida obedece a um plano prévio. Nunca como hoje houve tanto desequilíbrio emocional e mental. Se bem que haja mais de um fator para isso, Carl Jung, o grande psicólogo suíço e discípulo preferido de Freud, apontou como causa principal a falta de uma base firme em nossos projetos de vida e no modo como entendemos as coisas do espírito.

A partir do momento em que a alma aceita e busca a lei divina, o mundo espiritual, através de seus guias, a envolve num manto de proteção e ela, por mais invencíveis que possam parecer os problemas com que se depare, acaba por achar uma saída do labirinto das dúvidas e perplexidades.

Mona Rolfe, a autora de OS CICLOS DA REENCARNAÇÃO, *foi uma mística irlandesa de grande visão, a quem sua guia e alma irmã comunicou ensinamentos que outrora eram mantidos em segredo, apenas para os iniciados, mas que agora, na Nova Idade de Aquário, podem ser comunicados a quantos busquem compreensão mais profunda da lei de vida. A essa compreensão é que* OS CICLOS DA REENCARNAÇÃO *busca levar o leitor.*

EDITORA PENSAMENTO

ENTENDENDO A MORTE

Um Estudo Fascinante sobre um dos Maiores Mistérios da Vida

Howard Murphet

"Uma obra-prima!"
"...uma contribuição esplêndida... e um estudo notável... escrito numa linguagem eloqüente e facilmente compreensível até mesmo para aquelas pessoas leigas que pela primeira vez se lançam na busca de compreensão..."

— Dra. Elisabeth Kübler-Ross, autora de *On Death & Dying*.

Este livro versa sobre o maior mistério da vida: a morte. Desde o *Livro Tibetano dos Mortos,* pesquisas insistentes vêm lançando alguma luz sobre esse antiqüíssimo mistério e, há cerca de um século, pesquisadores mediúnicos vêm estudando e analisando essas evidências.

Examinando as crenças dos gregos e dos egípcios, bem como os conceitos cristãos e vedânticos e as experiências psíquicas, *Entendendo a Morte* procura estabelecer as relações entre as descobertas da parapsicologia e da ciência psíquica moderna e as convicções religiosas do homem consagradas pelo tempo. Além das crenças populares de povos primitivos, existem relatos de pessoas que penetraram, ainda vivas, nessa região misteriosa. Essas pessoas eram dotadas de faculdades mediúnicas excepcionais, denominadas, conforme o caso, de vidência, clarividência ou clariaudiência em relação aos planos interiores.

Esta é a primeira tentativa séria de reunir os principais ensinamentos, indícios e provas empíricas, comparando-os para descobrir possíveis características comuns que possam resultar em algumas orientações úteis. Mas o principal propósito deste livro é ajudar o homem comum a encarar a vida e a morte de uma perspectiva renovada.

EDITORA PENSAMENTO

Annie Besant

Em sânscrito, *Karma* significa, fisicamente, ação; metafisicamente, significa a lei da retribuição, a lei de causa e efeito ou de causação ética. O *Karma* é o poder que governa todas as coisas, a resultante da ação moral, o núcleo moral de todo ser, o único que sobrevive à morte e continua na transmigração ou reencarnação.

O conhecimento dessa lei permite que o homem acelere a própria evolução. Seu uso inteligente liberta-o de qualquer escravidão e dá-lhe o poder de se tornar um dos colaboradores dos Salvadores do Mundo, antes mesmo que a raça de que faz parte tenha percorrido todo o seu caminho.

Compenetrado da significação dessa lei, da sua certeza absoluta, da sua exatidão infalível, o homem começará a se tornar senhor de si mesmo e a dirigir a própria evolução e iniciará, imediatamente, a construção do próprio caráter, sem indecisões, pois terá a certeza de estar construindo sobre alicerces sólidos, assentados sobre a rocha dura da lei eterna.

Este pequeno volume — que faz parte da série de manuais de iniciação à doutrina teosófica escritos por Annie Besant — explica em linguagem acessível as bases científicas da lei do *Karma* e se destina especialmente *"a todos os indivíduos, de ambos os sexos, que, mergulhados na labuta diária de suas ocupações, procuram assimilar as grandes verdades que tornam a vida mais fácil de viver e a morte mais fácil de encarar"*.

EDITORA PENSAMENTO